"十二五"高职高专会计专业工学结合规划教材

# 财务报表分析与应用

## 吴 霞 主编

中国财富出版社

**图书在版编目（CIP）数据**

财务报表分析与应用/吴霞主编 . —北京：中国财富出版社，2014.8

（"十二五"高职高专会计专业工学结合规划教材）

ISBN 978 - 7 - 5047 - 5238 - 3

Ⅰ. ①财…　Ⅱ. ①吴…　Ⅲ. ①会计报表—会计分析—高等职业教育—教材

Ⅳ. ①F231.5

中国版本图书馆 CIP 数据核字（2014）第 124310 号

| 策划编辑 | 寇俊玲 | 责任印制 | 何崇杭 |
|---|---|---|---|
| 责任编辑 | 张冬梅　宋宪玲 | 责任校对 | 梁　凡 |

| 出版发行 | 中国财富出版社 | | |
|---|---|---|---|
| 社　　址 | 北京市丰台区南四环西路 188 号 5 区 20 楼 | 邮政编码 | 100070 |
| 电　　话 | 010 - 52227568（发行部） | 010 - 52227588 转 307（总编室） | |
| | 010 - 68589540（读者服务部） | 010 - 52227588 转 305（质检部） | |
| 网　　址 | http://www.cfpress.com.cn | | |
| 经　　销 | 新华书店 | | |
| 印　　刷 | 中国农业出版社印刷厂 | | |
| 书　　号 | ISBN 978 - 7 - 5047 - 5238 - 3/F · 2170 | | |
| 开　　本 | 787mm×1092mm　1/16 | | |
| 印　　张 | 10.5 | 版　　次 | 2014 年 8 月第 1 版 |
| 字　　数 | 262 千字 | 印　　次 | 2014 年 8 月第 1 次印刷 |
| 印　　数 | 0001—3000 册 | 定　　价 | 25.00 元 |

# "十二五"高职高专会计专业工学结合规划教材编审委员会

# 出版说明

　　财会行业一直是传统行业里的常青树。随着我国经济环境的发展变化，会计行业有了新的发展趋势和职业亮点。国家经济发展与企业发展的需求，催生了对大量新生力量以及优质专业教材的需求。在此背景下，我们组织人员编写了本套"'十二五'高职高专会计专业工学结合规划教材"系列丛书。

　　本套丛书具有如下特点：

　　1. 体现了最新的高职高专教育理念。按照"工学结合"人才培养模式的要求，采用"基于工作过程导向"的设计方法，以工作过程为导向，以项目和工作任务为载体进行应知应会内容的整合，符合教学规律。

　　2. 定位准确。准确体现财会专业培养方案及课程大纲的要求，内容紧贴财会专业的教学、就业实际，以"必需、够用"为标准进行取舍；充分考虑高职高专院校学生认知特点，语言简练、形式新颖，整体风格活泼，符合现代教学授受规律。

　　3. 内容新颖。根据最新《企业会计准则》、修订后的《中华人民共和国增值税暂行条例》和《中华人民共和国消费税暂行条例》等编写。内容上突出了会计和税法的新变化，反映了对企业会计业务的最新要求。

　　4. 校企合作开发教材。本套丛书由企业人员与学校一线教师共同开发完成。教师和企业相关人员共同研究教材内容，企业人员提供一线工作资料，教师执笔写作，编写完成后请企业专家审订，保证教材内容更贴近会计工作实际。

　　5. 配有电子教学资料包。教师可以登录中国财富出版社网站（http：//www.cfpress.com.cn）"下载中心"下载教学资料包，该资料包包括教学指南、电子教案、习题答案，为教师教学提供了完整的服务支持。

　　本套丛书在编写过程中得到了众多编写教师、企业人员的大力支持和帮助，他们对教、学、研一体化教学进行了艰辛而有益的探索，为本套丛书的完成奉献了大量的精力和宝贵的时间，在此表示衷心感谢！并恳请各位专家、同行对本套丛书存在的不足之处给予批评和指正。

# 前　言

　　本书是为适应高职高专会计类专业课程改革需要而编写的课程教材。本书在编写过程中，坚持理论联系实际、培养学生的动手能力，以知识和能力培养两条教学主线的融合为切入点，体现时代性和动态性，达到以学生为主体，有创新，有特色，适应高职高专财经专业教学的特定目标。

　　本书在编写中主要依据新的《企业会计准则》的规定，吸收财务报表分析学科教科研的前沿成果和企业资深财务人员的实际工作经验，并结合专业教师的教学实践经验总结编写而成，以财务报表分析的基本原理、基本方法、基本技能阐述为重点，突出实用性、综合性、操作性等特点，强调报表分析业务操作技能的培养和训练。教材编写中以培养学生的基本能力和拓展能力为主，从对公司报表的认知开始，逐一展开公司的偿债能力分析、营运能力分析、获利能力分析、发展能力分析、现金流量分析和综合分析等教学内容，重点培养学生系统的报表分析技能，提高学生对公司财务状况、经营成果和现金流量的整体分析能力。

　　本书由四部分七个项目组成。第一部分包括项目一，属于财务分析的基础部分，为后面的具体分析做好理论的铺垫。第二部分包括项目二、项目三和项目四，属于财务分析的主体，通过对资产负债表、利润表和现金流量表这三种财务报表的分析，使学生掌握对企业的偿债能力、营运能力、赢利能力和发展能力的技能。第三部分由项目五和项目六组成，属于财务分析的深化，通过财务综合分析，实现理论与实际的融会贯通，培养学生活学活用的技能。第四部分包括项目七，属于财务分析的整合，通过撰写财务分析报告，培养学生对财务分析的正确理解，能具体问题具体分析，有所为有所不为。希望学生在使用本教材时，通过完成相应的项目来掌握财务报表分析的基本方法和技能，并能学以致用。

　　本书由北京联合大学吴霞老师担任主编，北京吉利大学周平芳老师担任副主编。教材编写上，周平芳老师承担项目一的编写工作，吴霞老师承担项目二、项目三和项目四的编写工作，北京联合大学朱东星老师承担项目五和项目六的编写工作，北京金控自动化技术有限公司财务经理翁惠荣承担项目七的编写工作。最后由吴霞老师进行整理和审阅。

在编写过程中我们参考了大量的专著、教材和资料，在此特向这些著述的作者表示衷心的感谢。感谢中国财富出版社，尤其是寇俊玲编辑对我们的信任、理解和帮助。

由于编者学识水平有限，书中的不当之处在所难免，敬请读者批评指正。

编　者
**2014 年 4 月**

# 目　　录

# 项目一　财务报表分析基础知识

## 学习目标

1. 知识目标
- 了解财务报表分析的含义和结构
- 熟悉财务会计报表分析的内容和依据
- 理解财务会计报表分析的前提、原则和应考虑的因素
- 掌握财务报表分析的步骤和方法

2. 技能目标
- 学会财务报表分析的比率分析方法、趋势分析方法和因素分析方法
- 能够运用这些方法熟练计算和简单分析

## 案例导入

　　2013 年 7 月 17 日，新东方公布 2012 年财报，在抛出归属股东净利润 1.327 亿美元、同比增长 30.4% 这样漂亮业绩的同时，宣布公司已收到 SEC 关于 VIE 结构调整调查函件。新东方称，调查函件主要关注公司 VIE 北京新东方教育技术公司的结构调整根据是否充分，公司将全力配合调查。

　　受此影响，新东方单日暴跌 34.32%，收报 14.62 美元，股价创下之前 52 周以来历史新低。新东方 CFO 谢东萤在财报后电话会议中表示，由于目前正处于 SEC 调查的敏感期，不便就调查的进展做过多评论，但是仍有不少分析师问及 VIE 相关问题。谢东萤坦言："我猜想这是因为 SEC 认为新东方此次的 VIE 结构调整与去年马云支付宝 VIE 事件类似，但实际上两者完全是不一样的。新东方此次的 VIE 结构调整是光明正大的。"

　　对于新东方为何主动调整 VIE 机构，谢东萤进一步解释，中国公司 VIE 股东曾经发生过即使合同明确规定也拒绝签署的情况，为了避免将来发生类似情况，新东方采取主动调整 VIE 模式。去年支付宝 VIE 事件引发众多担忧，于是新东方开始审视自身，清理其他 10 个股东股份，通过无对价协议将 VIE 股权 100% 转移到俞敏洪控制的实体下。这实质上是在加强 VIE 结构，本意是为了更好地维护美国上市公司的股东利益。

　　三年前，香橼研究仅仅通过公开资料与行业数据的比对，质疑新东方估值的可靠性，实际上对新东方的狙击效果无关痛痒。新东方显然不是那么容易被扳倒的。浑水是做空老手，这次是有备而来，目的是想重锤出击，一扑就中。就在新东方刚刚坦承自己因为 VIE 调整问题正在接受 SEC 调查的次日，浑水伺机而动，搭上了突袭新东方的"顺风车"。

　　7 月 18 日，浑水公司重磅发布研究报告指出，除了此前提到的 VIE 问题之外，新东

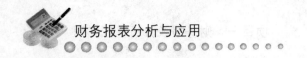

方涉嫌欺瞒投资者，并在财报上存在多处造假。此外，浑水对新东方股票给予"强烈卖出"建议。

浑水公司干的这一票立马又让新东方的股价下跌35％，当日成交量近7000万股，是标准普尔500指数成分股中成交量最大的股票美国银行成交量的近3倍。新东方元老级人物徐小平发微博感叹："巨额财富，就在这惊心动魄的几十小时中交接！"两日间，新东方市值已蒸发掉20亿美元。高盛银行更表示对新东方失去信心，暂停了对新东方的评级。

一份长达百页的研究报告，一段于2013年6月与新东方首席财务官的通话录音等材料，构成了浑水赖以做空新东方的铁证。浑水公司对新东方的指责重点在于：刻意隐瞒加盟店信息，营业收入财务造假，税收减免不合理以及审计出现漏洞等。

面对来势汹汹的浑水，俞敏洪开始火速回击了。7月19日下午，俞敏洪亲自现身小型新闻发布会澄清谣言，当天晚上，俞敏洪连发两条微博，在网络上高调回应了浑水的质疑。据新东方内部人员透露，俞敏洪给内部员工统一发送了一封邮件，说明事件，稳定军心，鼓舞士气。俞敏洪更屡次信誓旦旦表露决心："我会努力让股价涨回去。"

在浑水的指控中，新东方的下属学校究竟是直营还是特许加盟的问题是最为致命的一点。

浑水指出，新东方宣称其所有教学点都是公司直营，其实是在撒谎。新东方CFO还曾公开否认新东方的教学点存在加盟现象，但实际上新东方有大量的加盟店，而这些加盟店从未向投资者披露过。另外，新东方还通过加盟学校的财务数据来"充实"公司财报。这是新东方重大财务造假的一部分。

俞敏洪向《时代周报》记者表示，目前国内凡是冠以新东方品牌的学校均属新东方直营学校，只有21家授权使用泡泡少儿或满天星品牌的是加盟学校。在新东方综合财报中公布的涉及新东方学校数量、教学中心数量及注册学生人数等信息中，均不包含这21家加盟学校。他还透露，这21所学校带来的特许加盟费在2010、2011财年分别为3.5万美元、24.9万美元，分别仅占新东方总营收的0.009％、0.045％。

而对于通过加盟学校"粉饰"财报的指责，俞敏洪一方面承认加盟费用纳入新东方综合财务报表，另一方面则否认这些加盟学校自身的营业收入被纳入财务报表。

俞敏洪反指浑水假装是加盟商，录下与新东方人员通话的录音作为"新东方全是加盟店"的所谓暗访调查的证据，太过武断。

对于浑水所提出的税务指控，俞敏洪未作直接回应，但他明确表示："新东方一直是遵纪守法的公司，多年来也一直是重点纳税大户，一直按照国家相关政策法规缴纳各种税费。"

俞敏洪同时也否认了新东方需要大规模修正财务报表以及为新东方提供审计服务的德勤会计师事务所需要辞职的说法。俞敏洪向媒体表示，浑水将自己的"小粉刺"，夸大成了"大毒瘤"。

7月20日，新东方继续对浑水的质疑进行反击。新东方宣布，董事会准备在公开市场购买新东方总计5000万美元的美国存托股票，同时宣布成立一个独立特别委员会，针对浑水的质疑进行审查。参与此次购股计划的新东方管理层同时宣布，在未来6个月内，将不会出售所持新东方股票。

不过，紧咬新东方的浑水也未见放松。根据财新新闻报道，浑水研究创始人布洛克（Carson Block）于 7 月 23 日表示，浑水对于新东方教育科技集团的质疑还远未结束，俞敏洪近日在媒体上的解释无法令人信服。

**新东方真相**

虽然在纳斯达克，新东方的处境非常危急，但国内的市场上，新东方仍然火爆，而且，从外表上看，两者就像是没有多少关联一样。

正值暑期，新东方的培训机构门庭若市，从这几年新东方的财报来看，其毛利率一直维持在 60% 的超高水平。不过，外界的质疑声也从未断过，很多人并不相信教育的理想主义与商业机构的赢利本质可以很好地结合在一起，甚至最终会被资本的追逐所主导。

而 2012 年全年，新东方净营收达到 7.717 亿美元，同比增长 38.3%；归属股东净利润 1.327 亿美元，同比增长 30.4%；另外，新东方总的办公和教室面积增加了超过 20 万平方米。如此强劲的财务数据表明，新东方很会赚钱。

**强劲财报的背后**

《时代周报》记者走访了新东方广州的几个分校，每个分校都有一些共同的特征：五花八门的报班广告及宣传单册铺天盖地，营业时间挤进新东方门口的家长络绎不绝，他们在咨询人员的帮助下仔细斟酌着要给自己的孩子报个什么样的培训课程最合适。

"6 月底到 7 月初的时候是学生报名上暑假班的最高峰，那时这里的门槛都快被踩烂了。"新东方黄花岗校区的咨询人员向《时代周报》记者描述，当然，这段时期的坐班收获颇丰，这让工作人员也感到高兴。

"暑假培训特别火，平均每天都有二三十人来我这里报名。像区庄那样的大区就更不用说了，一天一两百人是常事。"工作人员向《时代周报》记者介绍，从放暑假开始，自己每天可以通过培训咨询收到 5000～20000 元的学费，最高的时候可以达到三四万元。

在交谈中，该工作人员透露，暑假的业绩能占到全年的 50%～60%，而新东方广州一年的业绩能有两三亿元人民币。

"新东方垄断市场，会出现的情况是，将有更多的老师被盘剥。而真正的培训市场发展，应当借鉴香港的道路，鼓励更多热爱教书、会教书的老师成为教育明星，享受价格优待，追求个性化发展。否则，这样垄断、标准化的培训市场孕育不出优秀的人才。同时，培训行业需要一场信息化的变革。"

# 任务一 了解财务报表

## 一、财务报表分析的定义

财务会计报表分析是指以财务会计报告为基本依据，运用一系列财务指标，对企业财务状况、经营业绩和现金流量情况加以分析和比较，并通过影响企业的财务状况、经营业绩和现金流量的种种原因，来评价和判断企业财务和经营状况是否良好，并以此为根据预测企业未来财务状况和发展前景的管理活动。

财务报表是会计核算的最终产品，其产品的主要功能是提供有关企业财务状况、经营成果和现金流量情况的定量财务信息,这些信息是利益相关者评价一家企业的风险、收益及未来发展前景的重要依据。包括股东、债权人、经营者、员工、供应商和客户在内的企业一系列利益相关者,由于与企业之间存在直接或间接的利益关系,而且主要是财务利益关系,他们自然需要关注企业财务报表,是财务会计报表分析的主体。俗话说:"外行看热闹,内行看门道。"对于一个不了解财务会计报表分析的人来说,看到财务报表中一排排数字,只是看热闹而已;而对于一个熟悉财务会计报表分析的人来说,只要通过各项数据的比较分析,就能看出门道。

例如,某企业 2012 年年末短期负债 500 万元,总负债 1500 万元。很显然,仅看这两个数据并不能说明什么问题。如果还了解到该企业 2012 年年末的流动资产为 1000 万元,总资产为 3000 万元,那么通过这两组数据的比较就能获得有用的经济信息。这两组数字的比为 1000/500=2,1500/3000=0.5。一是表明 2012 年年末该企业的流动比率为 2,即每 1 元的流动负债就有 2 元的流动资产;二是表明 2012 年年末资产负债率为 50%,即企业资产中有一半是通过负债形成的。就一般企业而言,该企业的流动比率和资产负债率均在合理范围内,偿债能力较强。如果将有关数据通过某种形式联系起来加以分析比较,还可以揭示出更多的隐含在会计报表中的重要信息。

财务会计报表分析,实际上就是为了充分发挥会计报表上各项数据的作用。对报表数据做进一步加工,通过分析、比较,得出新的数据,以便进行正确的判断和有效的决策,是企业利益相关者利用会计报表评估企业的现在和未来的基本做法。

## 二、不同使用者的关注点

财务会计报表分析的结果是重要的经营资讯。这些经营资讯是经营过程各个环节运行状况的重要"信号"。通过这些财务信息,企业的投资人、债权人、管理者就可以捕捉到具有参考价值的资讯,并通过这些信息对自身的经营行为做出必要的反应与调整,进而做出正确的经营决策。

(一)财务会计报表分析的基本目的

1. 衡量企业的财务状况

一个企业的财务状况如何,是通过会计报表的分析加以衡量的。企业的静态财务状况隐含于资产负债表之中,动态的财务状况隐含于现金流量表之中,这就需要通过相关会计报表的分析加以揭示。诸如企业的资产、资本结构、偿债能力、财务弹性等财务指标,都要通过财务会计报表分析加以解释。企业利益相关者可以通过这些分析结果对企业的财务状况做出客观的衡量,了解企业现实的财务状况,对企业发展的潜在能力做出判断。

2. 评价企业的经营业绩

评价一个企业的经营业绩是由一系列财务指标所组成的,诸如营业净利的多少、投资报酬率的高低、销售量的大小、资产运用效率的高低等。企业经营业绩的好坏,必须通过财务指标的分析才能加以评价。企业利益相关者可以通过这些分析结果对企业的经营水平做出客观的评价,了解企业现实的经营业绩,对企业的发展前景做出预测。

3. 预测企业的发展趋势

一个企业未来的发展趋势可以在分析了解企业现在财务状况和经营业绩的基础上做出

推断与预测。财务会计报表分析具有预测未来发展趋势的功能，如通过企业营业收入增长能力、资产增长能力和资本扩张能力等财务指标的分析，对企业财务状况与经营成果的未来发展的可能趋势做出推断与预测。企业利益相关者可以根据分析结果做出决策。

（二）财务会计报表分析的特定关注点

会计报表是会计信息的主要表达形式，其使用者包括企业的债权人、投资者、经营管理者、政府机构等。不同的报表使用者对财务报表有其独特的关注点。

1. 投资人关注点

投资人是向企业提供权益性资本的经济组织或个人，股份制企业的投资人就是企业的股东。投资人既是企业收益的获取者，也是企业风险的最终承担者。因此，投资人对财务会计报表分析的重视程度超过其他任何会计信息使用者，其分析会计报表的目的主要有：

（1）分析评价企业的赢利能力，预测未来收益水平，正确进行投资决策。企业的赢利能力是投资人在财务会计报表分析中关注的核心内容。就一般投资人而言，投资的目的是为了获取较高的收益，如果企业没有足够的赢利能力，就不能给投资人带来所期望的收益。

（2）分析企业的经营业绩，评价受托经营者的管理水平，合理进行薪酬与人事决策。现代企业制度下，所有权与经营权是分离的，经营者是在投资人受托下对企业进行经营管理，其职位、薪酬与所受托的责任及履行情况直接挂钩。

（3）分析企业的资本结构及偿债能力，评价企业的理财环境与财务风险，正确进行筹资决策。企业的资本结构决定了企业的财务风险类型，企业的偿债能力决定了企业的理财环境，企业生产经营所需资金从何而来，取决于企业所面临的财务风险程度。

2. 债权人的关注点

债权人是指那些向企业提供债务资金的经济组织或个人。债权人向企业提供资金的方式尽管有所不同，但这些债权因为契约签订而具有法律约束力。因此，债权人在决定是否授予企业信用之前，必须通过债务人的会计报表，分析、判断与评价企业的偿债能力。债权人进行财务会计报表分析的目的主要有：

（1）分析流动资产的构成及其变现速度，评价企业短期偿债能力。企业短期偿债能力的大小，主要是由企业流动资产与流动负债的比率，以及流动资产的变现速度决定的。流动比率越大，变现速度越快，短期债权人越放心。

（2）分析资本资产结构，评价企业的长期偿债能力。企业的资本结构反映了企业负债资本与权益资本、资产与负债、资产与所有者权益之间的比例关系，揭示了企业的财务状况，表明了企业的长期偿债能力。合理的资本资产结构是长期债权人的定心丸。

（3）分析企业的赢利能力，评价企业还本付息的保障程度。企业只要保持赢利，利息支付就没有问题；能保障利息支付，就可能以新债还旧债。企业较强的赢利能力是长期债权人的保护伞。

3. 经营管理者的关注点

经营管理者就是对企业负有直接管理权的厂长或经理。作为一个企业的直接经营者，负有达到企业经营目标的责任，同时也直接掌握企业的实际运作。企业管理者需要通过对会计报表的分析，迅速获得对决策有用的会计信息，以便掌握这些信息对经营行为做出必

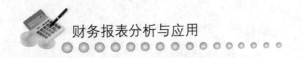

要的调整，并针对企业的具体财务状况和经营成果采取必要的措施和管理方法。经营管理者分析会计报表的目的主要有：

（1）考核企业经营计划和财务计划的完成情况，评价经营责任的履行效果。将财务报表有关数据的实际与计划指标进行对比分析，可以考核企业的生产计划、销售计划、成本费用计划、利润计划等的完成情况，评价经营者自身履行经营责任和其他管理责任的效果，从中总结经验，为改善经营管理、提高经营质量提供依据。

（2）分析评价企业的财务状况，提高企业的财务管理水平。对经营管理者来说，分析财务报表的关注点是企业的财务状况。良好的财务状况是生产经营顺利进行的基础，财务管理是企业经营管理的核心。通过对会计报表有关数据资料的分析、研究，并与计划指标、行业水平等进行比较，评价企业的财务状况，找出存在的问题，为改善和提高财务管理水平提供依据。

（3）分析评价企业的资源利用效率，增强企业的市场竞争力。经营管理者对财务会计报表分析的关注点除了考核企业各项计划的完成状况和评价企业的财务状况外，更重要的是进行资源利用效率的分析，包括企业资金周转水平、成本费用与收益实现水平的分析等。企业的经营者可以运用这些财务报表分析的结果，改进或加强企业内部的管理与控制，不断提高经营决策水平。企业的市场竞争，实质是资源利用效率的竞争，竞争的关键是企业的经营管理水平。

4. 政府机构的关注点

这里的政府机构主要是指政府的税务机关、工商行政管理机关和国有资产管理机构等。这些政府机构分析会计报表的目的取决于各政府机构的职能。例如，国家税务机关通过分析会计报表，主要对企业的纳税进行确认与鉴定，也就是通过财务会计报表分析作为查验纳税人报税流转额、增值额和所得额是否准确的依据；工商行政管理部门主要是通过财务会计报表分析了解企业的经营范围和注册资本投入的情况，作为核发工商营业执照和工商年检登记的依据；国有资产管理部门主要是通过企业会计报表的分析，掌握国有资产的运用效率与投资报酬率，从投资者的角度研究分析企业的财务状况与经营成果。

5. 其他人士的关注点

其他人士包括职工、中介机构（审计人员、咨询人员）等。审计人员通过财务分析可以确定审计的重点，财务分析领域的逐渐扩展与咨询业的发展有关，一些国家"财务分析师"已经成为专门职业，他们为各类报表使用人提供专业咨询。

## 三、财务报表分析的内容

财务分析的内容，概括地说就是企业的财务状况和经营成果。由于会计报表使用者与企业的利害关系不同，因而在进行财务报表分析时有各自的侧重点。总结起来，财务报表分析的内容主要有以下几个方面。

（一）资本与资产结构分析

企业在生产经营过程中使用的资金，其来源应该稳定可靠，这是企业得以长期生存和发展的根本保证。企业从不同的渠道取得所需资金，这些来源渠道从资产负债表上概括起来有三大部分：短期负债、长期负债和所有者（股东）权益。所谓资本结构，是指它们各自所占比例为多少，这个比例涉及企业的重大财务决策问题，如企业的融资决策和营运资本融资政策等。就资本结构理论而言，每个企业都有自身的最佳的负债和所有者（股东）权益比例结构。在这一最佳结构下，企业的加权平均总资本成本最小，企业的价值最大。因此，资本结构的健全和合理与否，直接关系到企业的经济实力是否充实、企业的经济基础是否稳定。如果资本结构健全、合理，企业的经济基础就比较牢固，能承担各种风险；反之，如果资本结构不合理，企业就难以承担各种风险。

资产是企业的经济资源。资源要能最大限度地发挥其功能，就必须有一个合理的配置，而资源配置的合理与否，主要是通过资产负债表的各类资产占总资产的比重以及各类资产之间的比例关系，即资产结构分析来反映的。企业合理的资产结构，是企业有效经营和不断提高赢利能力的基础，是应对财务风险的基本保证。

（二）营运能力分析

营运能力是运用企业资产进行生产经营的能力。企业的生产经营过程，其实质是资产运用并实现资本增值的过程。资产运用状况如何，直接关系到资本增值的程度和企业的偿债能力。我们知道，企业取得的资本，是以不同的形态体现在各类资产上的。企业各类资产之间必须保持一个恰当的比例关系，且在同类资产中的各种资产之间也应当有一个合理的资金分配，只有这样企业才能健康稳步发展，也才能充分发挥资金的使用效益。企业各种资产能否充分有效地使用，主要体现在资产周转速度的快慢，以及为企业带来收入能力的大小两方面。

（三）偿债能力分析

偿债能力是企业对到期债务清偿的能力或现金保证程度。企业在生产经营过程中，为了弥补自身资金不足就要对外举债。举债经营的前提必须是能够按时偿还本金和利息，否则就会使企业陷入困境甚至危及企业的生存。导致企业破产的最根本、最直接的原因是企业不能偿还到期债务。因此，通过偿债能力分析，使债权人和债务人双方都认识到风险的存在和风险的大小，债权人可以以此做出是否贷款的决策，债务人也可以了解自己的财务状况和偿债能力的大小，进而为下一步资金安排或资金筹措做出决策。

（四）赢利能力分析

赢利能力是企业利用各种经济资源赚取利润的能力。赢利是企业生产经营的根本目的，又是衡量企业经营成功与否的重要标志。它不仅是企业所有者（股东）关心的重点，同时又是企业经营管理者和债权人极其关注的问题。赢利能力分析是财务会计报表分析的重点，具有丰富的分析内容。赢利能力分析不仅包含一个时期赢利能力大小的分析，而且包括企业在较长一段时期内稳定地获取利润能力大小的分析。

（五）发展能力分析

企业的发展能力是企业在生存的基础上，扩大生产经营规模，壮大经济实力的潜在能力。企业要生存，就必须发展，发展是企业的生存之本，也是企业的获利之源。企业的规模和实力，是企业价值的核心内容，表明企业未来潜在的赢利能力。企业可持续发展的能力，不仅是现实投资者关心的重点，也是潜在投资者和企业员工关注的问题。通过对企业营业收入增长能力、资产增长能力和资本扩张能力的计算分析，可以衡量和评价企业持续稳步发展的能力。

### (六) 现金流量分析

现金流量分析主要通过对企业现金的流入、流出及净流量的分析，了解企业在一定时期内现金流入的主要来源、现金流出的主要去向、现金净增减的变化和现金紧缺状况，评价企业的经营质量，预测企业未来现金流量的变动趋势，衡量企业未来时期的偿债能力，防范和化解由负债所产生的财务风险。

# 任务二　了解财务报表分析的标准和方法

## 一、财务报表分析的标准

财务会计报表分析的标准是财务会计报表分析过程中据以评价分析对象的尺度，通过这一尺度，可以对企业的财务状况、经营状况等进行比较，从而鉴别出"优"与"劣"。财务会计报表分析的过程其实质是采用特定的分析方法进行比较的过程，比较的尺度就是财务会计报表分析的标准，是对企业财务状况和经营成果做出恰当判断、对财务会计报表分析做出结论的重要依据。根据我国企业的实际情况，财务会计报表分析的标准依据有以下几种。

### (一) 经验标准

经验标准指的是依据大量的且长期的实践经验而形成的标准（适当）的财务比率值。例如，西方国家在 20 世纪 70 年代的财务实践就形成了流动比率的经验标准为 2：1，速动比率的经验标准为 1：1 等。还有，通常认为，当流动负债对有形净资产的比率超过 80％时，企业就会出现经营困难；存货对净营运资本的比率不应超过 80％；资产负债率通常认为应该控制在 30％～70％。事实上，所有这些经验标准主要是就制造业企业的平均状况而言的，而不是适用于一切领域和一切情况的绝对标准。

在具体应用经验标准进行财务分析时，还必须结合一些更为具体的信息。例如，假设 A 公司的流动比率大于 2：1，但其存在大量被长期拖欠的应收账款和许多积压的存货；而 B 公司的流动比率可能略小于 2：1，但在应收账款、存货及现金管理等方面都非常成功。那么，如何评价 A 与 B 呢？

"经验标准＝平均水平"吗？经验标准并非一般意义上的平均水平，即财务比率的平均值并不一定就构成经验标准。一般而言，只有那些既有上限又有下限的财务比率，才可能建立起适当的经验比率。而那些越大越好或越小越好的财务比率，如各种利润率指标，就不可以建立适当的经验标准。

经验标准的优点：相对稳定、客观，是人们公认的标准。

经验标准的缺点：不是绝对标准，受行业和企业发展阶段影响。

### (二) 历史标准

历史标准是指以企业过去一段时间内的实际经营业绩、财务状况等相关指标作为财务分析与评价的标准。在实际的运用中，可能会采用历史最好水平，也可能会采用历史平均水平。

在财务分析过程中，无论是外部分析者为了投资、信贷或业绩评价的目标，还是企业内部经营管理者为了整合财务资源、改善财务状况或提高企业的市场竞争力的目标，财务分析人员都会对企业的历史发展过程进行深入分析，这时就会用到历史标准作为财务分析与评价的重要基础。通过运用企业发展历年的统计资料，财务分析人员可以看到企业发展的一般轨迹，并以此推断企业的财务政策、财务走势等隐含的重要信息。同时，还可以借助于统计学的分析方法，得到诸如发展速度的信息，常用的有定基发展速度和环比发展速度。

历史标准的优点：比较可靠、客观，具有可比性，可以说明企业在行业中所处的地位和水平，也可用于判断企业发展的趋势。

历史标准的缺点：当企业主体发生变更时，该标准失去意义或至少不便于直接使用；企业外部环境发生突变后，历史标准的作用会受到限制；同行内两个公司不一定是十分可比的；由于多元化经营会带来分析比较的困难，同行业企业也可能存在会计政策和会计估计方面的差异；外部分析通常无法利用；预算等目标存在较强的主观性，未必可靠；适用范围不够广泛，往往受到行业的限制；数值不能随时间推移而有所变化。

（三）行业标准

行业标准是指同行业的其他企业在相同时期内的平均水平，可以根据同行业的有关资料通过统计方法测算出来。行业标准是最常用的财务报表分析标准，通过企业实际数据与同行业标准的比较，能够直接做出企业财务状况和经营成果是"好"是"坏"的判断。因为行业标准代表的是行业平均水平，如某企业的利润率为15％，而该企业所在的行业的标准为12％，则说明该企业的利润率在行业平均水平之上，经营效果较好。

行业标准的优点：评价企业在行业中所处的地位与水平。

行业标准的缺点：使用上有限制条件：①同行业内的公司并不一定是可比的；②不适用于多元化经营的大公司；③受企业采用的会计政策的限制。

（四）预算标准

预算标准是指企业内部或行业按有关背景资料所预计的最佳或理想的标准。以实际数据与预算标准相比较，可以对企业完成预算、计划或实现目标的情况进行分析和判断。以预算标准为尺度，对企业财务状况和经营成果做出判断，并对企业管理工作的效率和成果做出评价。

预算标准的优点：将行业标准与企业历史标准相结合，可全面考核评价企业各级、各部门经营者的经营业绩。

预算标准的缺点：对于外部财务分析作用不明显，预算标准的确定受人为因素影响，缺乏客观依据。

以上标准作为财务会计报表分析的依据可以从不同的分析角度有选择性地采用，并不是必须同时采用，要根据分析的目的和分析企业的实际状况，选择恰当的分析标准。若分析的目的是对企业进行评价，可以使用行业标准；若分析的目的是对企业的发展趋势进行预测，可以使用历史标准；若分析的目的是考察企业预算的完成情况，可以使用预算标准。但是，将多种标准综合使用，可以对企业财务状况和经营成果进行全面的分析与评价。

## 二、财务报表分析的方法

财务报表分析方法有很多种。一般常用的财务报表分析方法包括比率分析法、趋势分析法和因素分析法、水平分析法和纵向分析法。

### (一) 比率分析法

比率分析法是财务报表内两个或两个以上项目之间的关系分析，它用相对数来表示，因而又称为财务比率分析法。该比率指标可以揭示企业的财务状况及经营成果。

比率分析法常用的形式有以下几种。

#### 1. 相关比率

相关比率是以某个项目与相互关联但性质又不相同的项目加以对比所得的比率，反映有关经济活动的相互关系。利用相关比率指标，可以考察有联系的相关业务安排得是否合理，以保障企业经济活动能够顺利进行。如将流动资产与流动负债加以对比，计算出流动比率，据以判断企业的短期偿债能力。

#### 2. 构成比率

构成比率又称结构比率，是指某项经济指标的各个组成部分与总体的比率，反映部分与总体的关系。其计算公式为：

$$构成比率＝某一组成部分数额÷总利用构成比率$$

构成比率可以考察总体中某个部分的形成和安排是否合理，以便协调各项财务活动。

#### 3. 效率比率

效率比率是某项经济活动中所费与所得的比率，反映投入与产出的关系。利用效率比率指标，可以进行得失比较，考察经营成果，评价经济效益。如将利润项目与销售成本、结售收入、资本等项目加以对比。可计算出成本利润率、销售利润率以及总资产净利率等利润率指标，可以从不同角度分析比较企业获利能力的高低及其增减变化情况。

运用比率分析法，应注意对比指标的相关性。如果将不具有相关关系的指标进行对比，则对分析财务报表是毫无意义的。

实务中具体判断某一比率的类型时，可以采用"排除法"。

采用比率分析法时应该注意以下几点：

(1) 对比项目的相关性（比率指标的分子分母必须具有相关性）。计算比率的子项和母项必须具有相关性，把不相关的项目进行对比是没有意义的。

(2) 对比口径的一致性（分子分母必须在计算时间、范围等方面保持口径一致）。如净资产收益率。

(3) 衡量标准的科学性。通常而言，科学合理的对比标准有：①预定目标；②历史标准；③行业标准；④公认标准。

### (二) 趋势分析法

趋势分析法是连续计算若干期的相同指标，揭示和预测财务状况或经营成果发展趋势的分析方法，也称动态比率分析法。趋势分析包括定基比率分析和环比比率分析两种形式。

1. 定基比率分析

它是将某指标在某一时期的数额固定为基期数额而计算出一系列的动态比率，借以分析该指标同比变动趋势的分析方法。其计算公式为：

$$定基比率 = \frac{分析期数额}{固定基期数额}$$

$$定基增长速度 = 定基比率 - 1$$

【例 1-1】　以 2000 年为固定基期，分析 2001 年、2002 年利润增长比率，假设某企业 2000 年的净利润为 100 万元，2001 年的净利润为 120 万元，2002 年的净利润为 150 万元。则：

2001 年的定基动态比率 = 120÷100 = 120%

2001 年的定基增长速度 = 120% - 1 = 20%

2002 年的定基动态比率 = 150÷100 = 150%

2002 年的定基增长速度 = 150% - 1 = 50%

2. 环比比率分析

它是将某指标在某一分析期的前期数额固定为基期数额而计算出一系列的动态比率，借以分析该指标环比变动趋势的分析方法。其计算公式为：

$$环比比率 = \frac{分析期数额}{前期数额}$$

$$环比增长速度 = 环比比率 - 1$$

仍以上例 1-1 资料举例，则：

2001 年的环比动态比率 = 120÷100 = 120%

2001 年的环比增长速度 = 120% - 1 = 20%

2002 年的环比动态比率 = 150÷120 = 125%

2002 年的环比增长速度 = 125% - 1 = 25%

在财务会计报表分析中，经常对总资产、营业利润率及净利润等指标进行动态计算与分析，借以揭示企业规模的发展趋势及长期获利能力。

(三) 因素分析法

1. 因素分析法的含义

因素分析法是依据分析指标与其影响因素的关系，从数量上确定各因素对分析指标影响方向和影响程度的一种方法。

2. 具体方法

因素分析法具体有两种：一是连环替代法；二是差额分析法。

(1) 连环替代法

要点是每次都替代一个因素，依次替代，先主要，后次要。

报告期（实际）指标 $R_1 = A_1 \times B_1 \times C_1$

基期（计划）指标 $R_0 = A_0 \times B_0 \times C_0$　　　①

第一次替代 $A_1 \times B_0 \times C_0$　　　②

第二次替代 $A_1 \times B_1 \times C_0$　　　③

第三次替代 $R_1 = A_1 \times B_1 \times C_1$ ④

②－①→A 变动对 R 的影响。

③－②→B 变动对 R 的影响。

④－③→C 变动对 R 的影响。

把各因素变动综合起来，总影响：$\Delta R = R_1 - R_0$

（2）差额分析法

用下面公式直接计算各因素变动对 R 的影响。

$(A_1 - A_0) \times B_0 \times C_0 \rightarrow$ A 变动对 R 的影响。

$A_1 \times (B_1 - B_0) \times C_0 \rightarrow$ B 变动对 R 的影响。

$A_1 \times B_1 \times (C_1 - C_0) \rightarrow$ C 变动对 R 的影响。

连环替代法和差额分析法得出的结论是一致的。

【例 1-2】 某企业生产某零件，有关直接材料成本资料如表 1-1 所示。

表 1-1　　　　　　　　　　　　材料明细表

| 项目 | 2005 年 | 2006 年 |
|---|---|---|
| 产量（件） | 1000 | 1500 |
| 单耗（千克） | 2.5 | 2 |
| 单价（元） | 4.5 | 6 |
| 材料成本（元） | 11250 | 18000 |

用因素分析法中的差额分析法，可以分别计算产量、单耗和单价的变动对材料成本的影响。

材料成本＝产量×单耗×单价

基期材料成本＝$1000 \times 2.5 \times 4.5 = 11250$（元）

本期材料成本＝$1500 \times 2 \times 6 = 18000$（元）

材料成本差异＝$18000 - 11250 = 6750$（元）

产量变化对材料成本的影响＝$(1500 - 1000) \times 2.5 \times 4.5 = 5625$（元）

单耗变化对材料成本的影响＝$1500 \times (2 - 2.5) \times 4.5 = -3375$（元）

单价变化对材料成本的影响＝$1500 \times 2 \times (6 - 4.5) = 4500$（元）

由此可知，上述三种变化对材料成本的总影响是 6750（＝5625－3375＋4500）元。产量的提高使材料成本增加了 5625 元，单价的上升也使得材料成本上升了 4500 元，但是，单耗的减少却使得材料成本下降了 3375 元，所以我们应该知道，在企业的生产管理中应该控制产量和产品价格的上升，并且保持单位耗用量的减少，这是以后企业发展的关键。

使用因素分析法时应注意：

①因素分解的关联性；

②因素替代的顺序性；

③顺序替代的连环性（每次替代是在上一次的基础上进行的）；

④计算结果的假定性。

分析时应力求使这种假定合乎逻辑、具有实际经济意义，这样，计算结果的假定性，才不至于妨碍分析的有效性。

差额分析法只适用于当综合指标等于各因素之间连乘或除时；当综合指标是通过因素间"加"或"减"形成时，不能用差额分析法。

（四）水平分析法

水平分析法，指将反映企业报告期财务状况的信息（也就是会计报表信息资料）与反映企业前期或历史某一时期（或基期）财务状况的信息进行对比，研究企业各项经营业绩或财务状况的发展变动情况的一种财务分析方法。

水平分析法的基本要点是将报表资源中不同时期的同项数据进行对比。水平分析法中具体有两种方法：比较分析法和指数趋势分析法。

1. 比较分析法

比较分析法是将公司两个年份的财务报表进行比较分析，旨在找出单个项目各年之间的不同，以便发现某种趋势。在进行比较分析时，除了可以针对单个项目研究其趋势，还可以针对特定项目之间的关系进行分析，以揭示出隐藏的问题。比如，如果发现销售增长10％时，销售成本增长了14％，也就是说成本比收入增加得更快，这与我们通常的假设是相悖的，我们通常假设，在产品和原材料价格不变时，销售收入和销售成本同比例增长。现在出现了这种差异，一般有三种可能：一是产品价格下降；二是原材料价格上升；三是生产效率降低。要确定具体的原因，这就需要借助其他方法和资料做进一步的分析。

2. 指数趋势分析法

当需要比较三年以上的财务报表时，比较分析法就变得很麻烦，于是就产生了指数趋势分析法，指数趋势分析的具体方法是，在分析连续几年的财务报表时，以其中一年的数据为基期数据（通常是以最早的年份为基期），将基期的数据值定为100，其他各年的数据转换为基期数据的百分数，然后比较分析相对数的大小，得出有关项目的趋势。

当使用指数时要注意的是，由指数得到的百分比的变化趋势都是以基期为参考，是相对数的比较，好处就是可以观察多个期间数值的变化，得出一段时间内数值变化的趋势。如果将通货膨胀的因素考虑在内，将指数除以通货膨胀率，就得到去除通货膨胀因素后的金额的实际变化，更能说明问题。这个方法在用过去的趋势对将来的数值进行推测时是有用的，还可以观察数值变化的幅度，找出重要的变化，为下一步的分析指明方向。

需要注意的是，水平分析法所进行的对比，一般而言，不是指单指标对比，而是对反映某方面情况的报表的全面、综合对比分析。变动数量的计算公式是：变动数量＝分析期某项指标实际数－前期同项指标实际数；变动率的计算公式是：变动率（％）＝变动数量/前期实际数量×100％（公式所说的前期，可指上年度，也可指以前某一年度）。

按上述方法编制的报表形式，可称为比较会计报表。比较会计报表也可以同时选取多期（两期以上）会计数据进行比较，称为长期比较会计报表。长期比较会计报表的优点是：可以提醒使用者排除各年份非常或偶然事项的影响，将企业若干年的会计报表按时间序列加以分析，能更准确地看出企业发展的总体趋势，有助于更好地预测未来。

在使用水平分析法进行分析时，还应特别关注相关指标的可比性，看看是否存在因会计政策或会计处理方法变动而影响了报表中某些项目前后的可比性。同时也应了解各项目相对比例的变化。

（五）纵向分析法

纵向分析比较法又称垂直分析法，它与水平分析比较法不同，它的基本点不是将企业报告期的分析数据直接与基期进行对比求出增减变动量和增减变动率，而是通过计算报表中各项目占总体的比重或结构，反映报表中的项目与总体关系情况及其变动情况。即以资产负债表、利润表等财务报表中的某一关键项目为基数项目，以其金额作为100，再分别计算出其余项目的金额各占关键项目金额的百分比，这个百分比表示各项目的比重，通过这个比重对各项目做出判断和评价。这种仅有百分比而不表示金额的财务报表称为共同比财务报表，它是纵向分析的一种重要形式。资产负债表的共同比报表通常以资产总额为辅基数，利润表的共同比报表通常以主营业务收入总额为基数。

共同比财务报表亦可用于几个会计期间的比较，为此而编制的财务报表称为比较共同比财务报表。它通过报表中各项项目所占百分比的比较，不仅可以看出其差异，而且通过数期比较，还可以看出它的变化趋势。

【例1-3】 以A公司2007年和2008年的数据为例，编制比较共同比利润表，如表1-2、表1-3所示。

表1-2 　　　　　　　　　　A公司同比利润率（2008年度）

| 一、主营业务收入 | 100.00% |
|---|---|
| 减：主营业务成本 | 56.06% |
| 　　主营业务税金及附加 | 3.30% |
| 二、主营业务利润 | 40.64% |
| 加：其他业务利润 | |
| 减：营业费用 | 3.68% |
| 　　管理费用 | 3.48% |
| 　　财务费用 | 1.18% |
| 三、营业利润 | 32.29% |
| 加：投资收益 | |
| 　　营业处收入 | 2.27% |
| 减：营业外支出 | 0.45% |
| 四、利润总额 | 34.11% |
| 减：所得税 | 10.23% |
| 五、净利润 | 23.88% |

表 1-3                                   A公司共同比利润表

| 项目 | 2008 年 | 2007 年 |
|---|---|---|
| 一、主营业务收入 | 100.00% | 100.00% |
| 减：主营业务成本 | 56.06% | 57.54% |
| 主营业务税金及附加 | 3.30% | 3.37% |
| 二、主营业务利润 | 40.64% | 39.09% |
| 加：其他业务利润 | | |
| 减：营业费用 | 3.68% | 3.87% |
| 管理费用 | 3.48% | 4.24% |
| 财务费用 | 1.18% | 1.68% |
| 三、营业利润 | 32.29% | 29.30% |
| 加：投资收益 | | |
| 营业处收入 | 2.31% | 2.62% |
| 减：营业外支出 | 0.45% | 0.75% |
| 四、利润总额 | 34.11% | 31.17% |
| 减：所得税 | 10.23% | 9.35% |
| 五、净利润 | 23.38% | 21.82% |

可以看出，A公司 2008 年的各项费用、成本项目的比重均略有降低，从而使税前利润和净利润有所上升。联系主营业务收入的绝对金额，主要是 A公司 2008 年的收入额有较大增长的结果。

共同比财务报表分析的主要优点是便于对不同时期报表的相同项目进行比较，如果能对数期报表的相同项目做比较，可以观察到相同项目变动的一般趋势，有助于评价和预测。但无论是金额、百分比或共同比的比较，都只能做出初步分析和判断。

运用比较分析法时，要注意对比指标之间的可比性，这是用好比较分析法的必要条件，否则就不能正确地说明问题，甚至得出错误的结论。所谓对比指标之间的可比性是指相互比较的指标，必须在指标内容、计价基础、计算口径、时间长度等方面保持高度一致性。如果是企业之间进行同业指标比较，还要注意企业之间的可比性。

 **重要名词中英文对照**

| | |
|---|---|
| 财务分析 | Financial analysis |
| 财务报表 | Accounting report |
| 投资者 | Investor |
| 债权人 | Creditor |
| 行业标准 | Sector standard |

| | |
|---|---|
| 经验标准 | The standard of experience |
| 历史标准 | The history of standard |
| 预算标准 | Budget standard |
| 比率分析法 | Ratio analysis |
| 趋势分析法 | Trend analysis method |
| 因素分析法 | Factor analysis |
| 比较分析法 | Comparative financial statements |
| 指数趋势分析法 | Index-number teries |

## 实训项目

项目一

【训练目的】掌握财务报表分析应具备的基本知识。

【训练要求】以下各题只有一个正确选项，请将正确的选项填在括号内。

1. 企业投资者最关心的是（　　　）。

A. 偿债能力 　　　　　　　　　B. 营运能力

C. 赢利能力 　　　　　　　　　D. 支付能力

2. 企业债权人最关心的是（　　　）。

A. 偿债能力 　　　　　　　　　B. 营运能力

C. 赢利能力 　　　　　　　　　D. 发展能力

3. 以下属于财务会计报表分析中需要考虑的企业外部因素是（　　　）。

A. 产品的市场地位 　　　　　　B. 政府的经济政策

C. 生产经营规模 　　　　　　　D. 科研水平

4. 在财务会计报表分析方法中，最基本的方法是（　　　）。

A. 比较分析法 　　　　　　　　B. 比率分析法

C. 趋势分析法 　　　　　　　　D. 因素分析法

5. 下列比率指标中能够较好地分析评价企业经营状况和经济效益水平的是（　　　）。

A. 构成比率 　　　　　　　　　B. 效率比率

C. 相关比率 　　　　　　　　　D. 定基比率

6. 趋势分析法中环比比率分析是各年数均与（　　　）比较，计算出趋势百分比。

A. 上年数 　　　　　　　　　　B. 第一年数

C. 各年平均 　　　　　　　　　D. 同行业先进数

7. 下列各项中，不属于财务分析中因素分析法特征的是（　　　）。

A. 因素分解的关联性 　　　　　B. 顺序替代的连环性

C. 分析结果的准确性 　　　　　D. 因素替代的顺序性

8. 在各项财务分析标准中，可比性较高的是（　　　）。

A. 经验标准 　　　　　　　　　B. 历史标准

C. 行业标准 　　　　　　　　　D. 预算标准

9. 为了评价判断企业所处的地位与水平，在分析时通常采用的标准是（　　）。

A. 经验标准　　　　　　　　　　B. 历史标准

C. 行业标准　　　　　　　　　　D. 预算标准

10. 在各项财务分析标准中，考虑因素最全面的标准是（　　）。

A. 经验标准　　　　　　　　　　B. 历史标准

C. 行业标准　　　　　　　　　　D. 预算标准

项目二

【训练目的】掌握财务报表分析应具备的基本知识。

【训练要求】以下各题有多个正确选项，请将正确的选项填在括号内。

1. 财务会计报表分析的内容包括（　　）。

A. 偿债能力分析　　　　　　　　B. 资产与资本结构分析

C. 营运能力分析　　　　　　　　D. 赢利能力分析

E. 发展能力分析　　　　　　　　F. 现金流量分析

2. 财务会计报表分析的基本目的是（　　）。

A. 衡量企业的财务状况　　　　　B. 评价企业的经营业绩

C. 评价企业的发展潜力　　　　　D. 评价企业的资源配置状况

3. 对会计报表进行分析，主要是对企业的（　　）进行分析。

A. 投资情况　　　　　　　　　　B. 筹资情况

C. 财务状况　　　　　　　　　　D. 经营成果

E. 现金流量

4. 企业财务会计报表分析的主体有（　　）。

A. 企业投资者及潜在投资者　　　B. 企业债权人和客户

C. 企业管理者　　　　　　　　　D. 政府机构

5. 下列项目中，属于财务会计报表分析标准依据的有（　　）。

A. 行业标准　　　　　　　　　　B. 国家标准

C. 预算标准　　　　　　　　　　D. 历史标准

6. 财务会计报表分析的基本方法有（　　）。

A. 比率分析法　　　　　　　　　B. 相关分析法

C. 趋势分析法　　　　　　　　　D. 因素分析法

7. 财务分析的局限性主要表现为（　　）。

A. 分析主体的局限性　　　　　　B. 资料来源的局限性

C. 分析方法的局限性　　　　　　D. 分析指标的局限性

8. 因素分析法是依据分析指标与影响因素的关系，从数量上确定各因素对分析指标影响方向和影响程度的一种方法，使用因素分析法需要注意的问题包括（　　）。

A. 构成经济指标的因素，必须是客观上存在着因果关系

B. 顺序替代的连环性

C. 确定替代因素时，必须根据各因素的依存关系，遵循一定的顺序并依次替代，不可随意加以颠倒

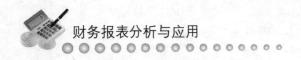

D. 各因素变动的影响数要绝对的准确

9. 比率分析法是通过计算各种比率指标来确定财务活动变动程度的方法，比率指标的类型主要有（　　　）。

A. 构成比率　　　　　　　　　　B. 效率比率

C. 相关比率　　　　　　　　　　D. 动态比率

10. 下列项目中属于采用比率分析法时应当注意的问题有（　　　）。

A. 对比项目的相关性　　　　　　B. 对比口径的一致性

C. 衡量标准的科学性　　　　　　D. 因素替代的顺序性

**项目三**

【训练目的】掌握财务报表分析应具备的基本知识。

【训练要求】思考财务报表分析问题。

1. 财务报表分析的内容包括哪些？

2. 不同的报表分析者关注点是什么？

3. 财务报表分析评价的标准有哪些？优缺点是什么？

**项目四**

【训练目的】掌握财务报表分析应具备的基本知识。

【训练要求】阅读财务报表分析相关知识，并完成相应问题。

从互联网上获取上市公司 600085 北京同仁堂股份有限公司 2000—2004 年度财务报告并进行解读，在认真阅读北京同仁堂股份有限公司 2000—2004 年度财务报告的基础上，按小组回答以下问题，然后由小组代表发言交流。

（1）公司的名称是什么？

（2）公司的报表是由谁来审计的？

（3）在审计报告中，有没有不寻常的陈述？

（4）最近的资产负债表日是哪一天？

（5）最近一期的损益表包含了哪一段时期？

（6）最近一期的现金流量表包含了哪一段时期？

（7）公司主要的报告资产是什么？

（8）公司主要的报告负债是什么？

（9）公司收入的主要来源是什么？

（10）公司的主要费用是什么？

（11）公司总资产的年初数是多少？

（12）公司总资产的年末数是多少？

（13）平均总资产是多少？

（14）公司当年的净利润是多少？

## 财务会计报表惯用的造假手段

### 一、表表不符

根据有关会计制度的规定，在单位对外提供的一些报表之间必须存在一定的钩稽关系。如资产负债表中的未分配利润应等于利润分配表中的未分配利润；利润分配表中的净利润应与利润表中净利润的金额保持一致。而在审计人员的审计中发现，单位表表不符的现象却是屡见不鲜的。就如某会计师事务所的审计人员在对一企业年度报表审计中就发现这样的问题，该企业近年来未进行任何长、短期的投资，资产负债表中长、短期投资均为零，但在损益表中"投资收益"项目中却记了100万元，经检查企业投资收益账户，发现企业投资收益来源于一笔装修业务，企业为了逃避建安业营业税，而将装修收入列入投资收益，造成表表不符。

### 二、虚报盈亏

一些单位为了达到一些不法目的，随意调整报表金额，人为地加大资产调整利润，或为了逃税，避免检查而加大成本费用，减小利润。报表本意是要向一些使用人提供最真实的会计信息，为使用者的决策行为提供一个真实的参考，但虚假的会计报表传递了虚假的会计信息，误导与欺骗了报表使用者，使他们做出错误的决策。

如深圳一辉实业有限公司，1993年成立时，注册资本与实收资本均为1000万元，但至1997年，注册资本和实收资本陡然增至1亿元，后经查，这次"飞跃"纯属深圳协力、兴蒙、国正三家会计师事务所为获取高额审计费而出具了虚假审计报告所致，短短几年，该企业就凭着假报表和假报告套取银行贷款达4000多万元，给国家造成了极大的损失。

有些单位把会计报表变成随意伸缩的弹簧，"伸缩"出许多为己所用的会计报表，有的单位对财政的报表是穷账，以骗取财政补贴等多种优惠政策，对银行的报表是富账，以显示其良好的资产状况，骗取银行贷款；对税务的报表是亏账，以偷逃各种税款；对主管部门的报表是赢账，以显示其经营业绩，骗取奖励与荣誉等。这样随意调节会计报表，最后所导致的结果是国家受损失，少数人中饱私囊。

### 三、表账不符

会计报表是根据会计账簿分析填列的，其数据直接或间接来源于会计账簿所记录的数据，因此，表账必须相符。但在审计人员的审计过程中，发现表账不相符的情况却比比皆是。如某单位为了增大管理费用，直接在损益中多计管理费用10万元，在资产负债表中同时增大应收账款和坏账准备金额，造成表账不符。

### 四、报表附注不真实

会计报表附注是会计报表的补充，主要是对会计报表不能包括的内容或者披露不详尽的内容做进一步地解释说明，包括对基本会计假设发生变化；会计报表各项目的增减变动（报表主要项目的进一步注释），以及或有某项或资产负债表日后事项中的不可调整事项的说明；关联方关系及交易的说明等。但有些单位却采用"暗度陈仓"的手法，在会计核算中改变某些会计政策，但在报表附注中不做说明；或虽不影响报表金额，但对该单位的一些经营活动及前途有极大影响的事项不做说明，欺骗报表使用者。

如在检查某企业时，该企业年初和年中的发出存货计价方法完全不同，按照国家财务会计制度的规定，此变更须在报表附注中披露，但该企业并未做出披露，用以掩盖其调低成本、虚增利润的不法企图。

又如某上市公司报表日后发生重大经济损失，该公司担心影响公司业绩，没有将此变化在附注中披露，而欺骗报表使用人。

**五、编制合并报表时弄虚作假**

根据我国《合并会计报表暂行规定》，凡是能够为母公司所控制的被投资企业都属于其合并范围，即所有的子公司都应当纳入合并会计报表的合并范围。根据此规定，合并会计报表的弄虚作假主要有：合并报表编制范围不当，将符合编制合并报表条件的未进行合并，不符合编制合并报表条件的而予以合并或不按规定正确合并；合并资产负债表的抵销项目不完整，尤其是内部债权债务不区分集团内部和外部的往来，使得合并抵销时不能全部抵销；合并损益表也存在内销和外销部分没有正确区分，使得内部交易金额不能全部抵销，未实现内部销售利润计算错误等。

如某企业在编制合并报表时，与下属子公司的内部销售收入未做抵销，而只是简单地相加，则造成虚增销售、浮夸业绩、信息失真的严重后果；还有的企业在编制合并会计报表时，将下属已"关、停、并、转"的子公司也纳入合并范围，从而使会计信息失去真正的参考价值。

# 项目二　资产负债表的分析

## 学习目标

1. 知识目标
- 掌握资产负债表的概念和内容
- 了解资产负债表分析的主要内容
- 了解企业良好财务状况应具有的特征
- 掌握资产负债表的重点分析方法
2. 技能目标
- 能看懂企业的资产负债表
- 学会分析、评价企业的资产结构、偿债能力、营运能力
- 通过财务分析，能识别企业健康状况的能力

　　2001 年中央财经大学研究员刘姝威利用国际通用的分析方法，分析了从蓝田股份的招股说明书到 2001 年中期报告的全部财务报告以及其他公开资料。根据对蓝田股份会计报表的研究推理，撰写了一篇 600 多字的研究推理短文《应立即停止对蓝田股份发放贷款》发给《金融内参》，引发了震惊中国证券市场的"蓝田事件"。

　　2002 年 12 月，刘姝威公开发表蓝田股份会计报表的研究推理摘要。

　　在对借款企业发放贷款前和发放贷款后，银行必须分析借款企业的财务报告。如果财务分析结果显示企业的风险度超过银行的风险承受能力，那么，银行可以立即停止向企业发放贷款。

　　1. 蓝田股份的偿债能力分析

　　2000 年蓝田股份的流动比率是 0.77。这说明蓝田股份短期可转换成现金的流动资产不足以偿还到期流动负债，偿还短期债务能力弱。

　　2000 年蓝田股份的速动比率是 0.35。这说明，扣除存货后，蓝田股份的流动资产只能偿还 35% 的到期流动负债。

　　2000 年蓝田股份的净营运资金是 -1.3 亿元。这说明蓝田股份将不能按时偿还 1.3 亿元的到期流动负债。

　　从 1997—2000 年蓝田股份的固定资产周转率和流动比率逐年下降，到 2000 年二者均小于 1。这说明蓝田股份的偿还短期债务能力越来越弱。

　　2000 年蓝田股份的主营产品是农副水产品和饮料。2000 年蓝田股份"货币资金"、

"现金及现金等价物净增加额"以及流动比率、速动比率、净营运资金和现金流动负债比率均位于"A07渔业"上市公司的同业最低水平,其中,流动比率和速动比率分别低于"A07渔业"上市公司的同业平均值约5倍和11倍。这说明,在"A07渔业"上市公司中,蓝田股份的现金流量是最短缺的,短期偿债能力是最低的。

2000年蓝田股份的流动比率、速动比率和现金流动负债比率均处于"C0食品、饮料"上市公司的同业最低水平,分别低于同业平均值的2倍、5倍和3倍。这说明,在"C0食品、饮料"行业上市公司中,蓝田股份的现金流量是最短缺的,偿还短期债务能力是最低的。

2. 蓝田股份的资产结构分析

蓝田股份的流动资产逐年下降,应收款逐年下降,到2000年流动资产主要由存货和货币资金构成,到2000年在产品占存货的82%;蓝田股份的资产逐年上升主要由于固定资产逐年上升,到2000年资产主要由固定资产构成。

2000年蓝田股份的流动资产占资产百分比位于"A07渔业"上市公司的同业最低水平,低于同业平均值约3倍;而存货占流动资产百分比位于"A07渔业"上市公司的同业最高水平,高于同业平均值约3倍。

2000年蓝田股份的固定资产占资产百分比位于"A07渔业"上市公司的同业最高水平,高于同业平均值1倍多。

2000年蓝田股份的在产品占存货百分比位于"A07渔业"上市公司的同业最高水平,高于同业平均值1倍;在产品绝对值位于同业最高水平,高于同业平均值3倍。

2000年蓝田股份的存货占流动资产百分比位于"C0食品、饮料"上市公司的同业最高水平,高于同业平均值1倍。

2000年蓝田股份的在产品占存货百分比位于"C0食品、饮料"上市公司的同业最高水平,高于同业平均值约3倍。

根据以上分析,刘姝威研究推理得出:蓝田股份在产品占存货百分比和固定资产占资产百分比异常高于同业平均水平,蓝田股份的在产品和固定资产的数据是虚假的。

3. 研究推理

根据以上分析,研究推理:蓝田股份的偿债能力越来越恶化;扣除各项成本和费用后,蓝田股份没有净收入来源;蓝田股份不能创造足够的现金流量以便维持正常经营活动和保证按时偿还银行贷款的本金和利息;银行应该立即停止对蓝田股份发放贷款。

(资料来源:刘姝威,《北京青年报》,2002年12月5日)

**请思考:**

1. 资产负债表分析的主要指标有哪些?

2. 资产负债表分析的重点是什么?

# 任务一 认识资产负债表

## 一、资产负债表概述

资产负债表（Balance Sheet），亦称财务状况表（Statement of Financial Position）。

> **小贴士**：国际组织在2008年将资产负债表由Balance Sheet改成Statement of Financial Position(SOFP)。

资产负债表是反映企业在某一特定日期（如年末）全部资产、负债和所有者权益情况的会计报表，它表明权益在某一特定日期所拥有或控制的经济资源、所承担的现有义务和所有者对净资产的要求权。它是一张揭示企业在某一特定时点财务状况的静态报表。资产负债表利用会计第一恒等式原则，将资产、负债、所有者权益分为"资产"和"负债及所有者权益"两大块，在经过分录、转账、分类账、试算、调整等会计程序后，以特定日期的静态企业情况为基准，浓缩成一张报表。其报表功用除了企业内部除错、防止弊端外，也可让所有阅读者于最短时间了解企业经营状况。

就性质而言，资产负债表则是表现企业体或公司资产、负债与所有者权益的对比关系，反映公司营运状况。

## 二、资产负债表格式

资产负债表一般有表首、正表两部分。其中，表首概括地说明报表名称、编制单位、编制日期、计量单位等。资产负债表正表的格式一般有两种：报告式资产负债表和账户式资产负债表。中国资产负债表主要采用账户式，分为左右两方，左方反映资产，右方反映负债和所有者权益，左右两方总计数相等。正表是资产负债表的主体，列示了用以说明企业财务状况的各个项目。每个项目又分为"期末数"和"年初数"两栏分别填列。采用我国现行《企业会计准则》的企业资产负债表格式如表2-1所示。

表2-1 资产负债表

编制单位： 年 月 日 单位：

| 资产类 | 行次 | 年初数 | 期末数 | 负债及权益类 | 行次 | 年初数 | 期末数 |
|---|---|---|---|---|---|---|---|
| 流动资产： | | | | 流动负债： | | | |
| 货币资金 | 1 | | | 短期借款 | 31 | | |
| 交易性金融资产 | 2 | | | 交易性金融负债 | 32 | | |
| 应收票据 | 3 | | | 应付票据 | 33 | | |

| 资产类 | 行次 | 年初数 | 期末数 | 负债及权益类 | 行次 | 年初数 | 期末数 |
|---|---|---|---|---|---|---|---|
| 应收账款 | 4 | | | 应付账款 | 34 | | |
| 预付账款 | 5 | | | 预收账款 | 35 | | |
| 应收利息 | 6 | | | 应付职工薪酬 | 36 | | |
| 应收股利 | 7 | | | 应交税费 | 37 | | |
| 其他应收款 | 8 | | | 应付利息 | 38 | | |
| 存货 | 9 | | | 应付股利 | 39 | | |
| 一年内到期的非流动资产 | 10 | | | 其他应付款 | 40 | | |
| 其他流动资产 | 11 | | | 一年内到期的长期负债 | 41 | | |
| 流动资产合计 | 12 | | | 其他流动负债 | 42 | | |
| 非流动资产： | | | | 流动负债合计 | 43 | | |
| 可供出售的金融资产 | 13 | | | 非流动负债： | 44 | | |
| 持有至到期投资 | 14 | | | 长期借款 | | | |
| 长期应收款 | 15 | | | 应付债券 | 45 | | |
| 长期股权投资 | 16 | | | 长期应付款 | 46 | | |
| 投资性房地产 | 17 | | | 专项应付款 | 47 | | |
| 固定资产： | | | | 递延所得税负债 | 48 | | |
| 固定资产原价 | 18 | | | 非流动负债合计 | 49 | | |
| 减：累计折旧 | 19 | | | 负债合计 | 50 | | |
| 固定资产净值 | 20 | | | 所有者权益： | 51 | | |
| 减：固定资产减值准备 | 21 | | | 实收资本 | 52 | | |
| 工程物资 | 22 | | | 资本公积 | 53 | | |
| 在建工程 | 23 | | | 盈余公积 | 54 | | |
| 固定资产清理 | 24 | | | 其中：法定公益金 | 55 | | |
| 固定资产合计 | 25 | | | 未分配利润 | 56 | | |
| 无形资产 | 26 | | | 所有者权益合计 | 57 | | |
| 长期待摊费用 | 27 | | | | | | |
| 递延所得税资产 | 28 | | | | | | |
| 非流动资产合计 | 29 | | | | | | |
| 资产合计 | 30 | | | 负债及所有者权益合计 | 58 | | |

小贴士：当资产负债表列有本期期末数和上期期末数时，称为"比较资产负债表"，它通过前后期资产负债的比较，可以反映企业财务变动状况。根据股权有密切联系的几个独立企业的资产负债表汇总编制的资产负债表，称为"合并资产负债表"。它可以综合反映本企业以及与其股权上有联系的企业的全部财务状况。

### 三、资产负债表的主要作用

资产负债表反映了企业的资产与权益规模、资产的分布情况以及负债和所有者权益结构等信息。通过对资产负债表的分析，可以了解企业的流动性、财务风险和偿债能力。同时，资产负债表还为分析企业的赢利能力和资产管理水平提供了依据。资产负债表的附表，详细说明企业相关资产、负债和所有者权益的具体情况，如资产负债表减值准备明细表、股东权益增减变动表等。

（1）反映企业资产的构成及其状况，分析企业在某一特定日期所拥有的经济资源及其分布情况。资产代表企业的经济资源，是企业经营的基础，资产总量的高低一定程度上可以说明企业的经营规模和赢利基础大小，企业的结构就是资产的分布，企业的资产结构反映其生产经营过程的特点，有利于报表使用者进一步分析企业生产经营的稳定性。

（2）反映企业某一日期的负债总额及其结构，分析企业现在与未来需要支付的债务数额。负债总额表示企业承担的债务的多少，负债和所有者权益的比重反映了企业的财务安全程度。负债结构反映了企业偿还负债的紧迫性和偿债压力的大小，通过资产负债表可以了解企业负债的基本信息。

（3）反映企业所有者权益的情况，了解企业现有投资者在企业投资总额中所占的份额。实收资本和留存收益是所有者权益的重要内容，反映了企业投资者对企业的初始投入和资本累计的多少，也反映了企业的资本结构和财务实力，有助于报表使用者分析、预测企业生产经营安全程度和抗风险的能力。

# 任务二　分析资产负债表

### 一、资产负债表的解读

解读资产负债表时首先要对资产负债表的资产、负债和所有者权益的总量有所理解，其后要对重要项目进行解读。对资产负债表的一些重要项目，尤其是对期初与期末数据变化很大，或出现大额红字的项目进行进一步分析，如流动资产、固定资产、流动负债等项目进行分析。

（一）流动资产项目的解读

流动资产主要由货币资金、应收款项、存货、其他流动资产组成。

1. 货币资金

对货币资金的解读可以从以下几个方面进行：首先，分析货币资金发生变动的原因，是销售规模变动，还是信用政策变动，或者是为大笔现金支出而做准备进行的资金调度，所筹资金尚未使用。其次，分析货币资金规模及变动情况与货币资金比重及变动情况是否合理，考虑企业货币资金的目标持有量、资产规模与业务量、企业融资能力、企业运用货币资金的能力以及行业特点等。

**2. 应收款项**

对应收账款要分析应收账款的规模及变动情况；分析会计政策变更和会计估计变更对应收账款的影响；分析企业是否利用应收账款进行利润调节；关注企业是否有应收账款巨额冲销行为；分析坏账准备的提取方法、提取比例是否合理；分析比较企业前后会计期间坏账准备提取方法、提取比例是否改变；区别坏账准备提取数变动的原因等。

**3. 存货**

对存货要进行存货规模与变动情况分析；存货结构与变动情况分析；分析企业对存货计价方法的选择与变更是否合理；分析存货的盘存制度对确认存货数量和价值的影响；分析期末存货价值的计价原则对存货项目的影响。

对以上各项流动资产的分布情况，还可以通过计算流动资产的结构百分比，了解各项流动资产占流动资产总额的比重，借以掌握各项流动资产可变现的程度。比较三年各项流动资产的数据资料，可以通过趋势百分比研究各项流动资产的变动情况，进而对企业短期偿债能力做出合理的判断，分析企业的信用政策，深入研究债权人与债务人的信用状况对企业应收款项的影响程度。

【例 2－1】 以 A 公司为例，该公司的流动资产结构分析表如表 2－2 所示。

表 2－2　　　　　　　　　　A公司流动资产结构分析表

| 项目 | 2013 年（万元） | 2012 年（万元） | 2011 年（万元） | 2013 年比重（%） | 2012 年比重（%） | 2011 年比重（%） |
|---|---|---|---|---|---|---|
| 货币资金 | 670.46 | 759.65 | 846.96 | 12.69 | 14.54 | 15.29 |
| 应收票据 | 1964.87 | 1689.80 | 1746.45 | 37.19 | 32.33 | 31.52 |
| 应收账款 | 1462.00 | 1057.86 | 876.53 | 27.67 | 20.24 | 15.82 |
| 预付账款 | 245.00 | 755.34 | 1200.45 | 4.64 | 14.45 | 21.67 |
| 其他应收款 | 75.54 | 126.86 | 234.76 | 1.43 | 2.43 | 4.24 |
| 存货 | 865.42 | 836.76 | 634.89 | 16.38 | 16.01 | 11.46 |
| 流动资产合计 | 5283.29 | 5226.27 | 5540.04 | 100.00 | 100.00 | 100.00 |

从表 2－2 中可以看出，该公司的流动资产以货币资金、应收票据、应收账款、预付账款、其他应收款和存货组成。三年来，结构稍有变化，货币资金、预付账款、其他应收款的比重逐年下降，应收票据、应收账款、存货的比重逐年上升。结合公司的其他资料可知，公司近几年的营业收入逐年上升，营业收入的下降带来应收账款的上升基本属于正常现象。预付账款比重的下降是由于公司总是从固定的供应商采购原材料，在生产规模逐步

扩大的情况下，采购规模扩大而预付款规模下降了。或者公司原材料价格逐渐上涨，公司可能采取了减低原材料采购量的经营策略。总之，预付款的变化，说明企业的经营环境有所改变。

（二）非流动资产项目的解读

非流动资产是由长期应收款、长期股权投资、固定资产、在建工程、无形资产长期待摊费用、递延所得税资产等项目组成。

其中对固定资产的分析可以从以下几个方面进行。

1. 分析固定资产规模与变动情况

主要针对固定资产的原值变动情况和固定资产净值变动情况进行分析。

2. 分析固定资产结构与变动情况

分析生产用固定资产与非生产用固定资产之间的比例的变化情况；考察未使用和不需用固定资产比率的变化情况；查明企业在处置闲置固定资产方面的工作是否具有效率；结合企业的生产技术特点，分析生产用固定资产内部结构是否合理。

3. 分析固定资产的折旧分析

分析企业固定资产折旧方法的合理性；观察固定资产折旧政策是否前后一致；分析企业固定资产预计使用年限和预计净残值确定的合理性。

4. 分析固定资产的减值准备

分析固定资产减值准备变动对固定资产的影响；固定资产可收回金额的确定；固定资产发生减值对生产经营的影响。

对以上非流动资产还可从以下几个方面解读：注意各项非流动资产的资金数额，并根据行业、企业生产经营规模来确定非流动资产项目的金额是否恰当；结合三年各项非流动资产变动情况，对企业的发展变化做出合理的分析判断；注意各项非流动资产的现行价值，以便对资产的变现价值和变现过程中可能发生的损失做出客观的判断。

【例 2-2】 以 A 公司为例，该公司的非流动资产结构分析表如表 2-3 所示。

表 2-3　　　　　　　　　　A 公司非流动资产结构分析表

| 项目 | 2013 年（万元） | 2012 年（万元） | 2011 年（万元） | 2013 年比重（%） | 2012 年比重（%） | 2011 年比重（%） |
|---|---|---|---|---|---|---|
| 长期应收款 | 58.34 | 62.78 | 86.54 | 2.13 | 2.11 | 2.58 |
| 长期股权投资 | 1078.90 | 1226.90 | 1356.39 | 39.42 | 41.27 | 40.40 |
| 固定资产 | 1506.65 | 1589.45 | 1798.50 | 55.05 | 53.46 | 53.57 |
| 在建工程 | 24.89 | 20.67 | 30.54 | 0.91 | 0.70 | 0.91 |
| 无形资产 | 67.00 | 72.00 | 83.76 | 2.45 | 2.42 | 2.49 |
| 长期待摊费用 | 1.24 | 1.14 | 1.46 | 0.05 | 0.04 | 0.04 |
| 非流动资产合计 | 2737.02 | 2972.94 | 3357.19 | 100.00 | 100.00 | 100.00 |

从表 2-3 中可以看出，公司的非流动资产结构近三年基本稳定，占比重较大的是公司长期股权投资和固定资产。三年来，长期股权投资比重逐渐减少，固定资产总额减少，但比重基本稳定，说明公司近几年没有大规模的新投资，是注重内涵发展的。公司无形资产比率基本在 2% 左右，且资产数额呈现逐年下降的趋势，说明无形资产随着逐年摊销，其价值逐年减少。

（三）流动负债项目的解读

流动负债主要有短期借款、应付票据、应付账款、预收账款、应付职工薪酬、应交税费、应付股利、其他应付款等项目组成。

1. 短期借款

对于短期借款主要分析其变动原因是流动资金需要、节约利息支出、调整负债结构和财务风险还是增加企业资金弹性。

2. 应付账款及应付票据

对于应付账款等项目主要分析其变动原因：销售规模的变动、充分利用无成本资金、供货方商业信用政策的变化还是企业资金的充裕程度。

3. 应交税费和应付股利

对于这部分负债主要分析有无拖欠税款现象及其对企业支付能力的影响。

4. 其他应付款

重点分析其他应付款的规模与变动是否正常；是否存在企业长期占用关联方企业的现象。

对于流动负债的解读还可以从以下几个方面进行分析：注意每一项流动负债项目的金额、偿还期限、全面掌握企业流动负债状况；分析近三年的流动负债项目的变化趋势，与企业资产变动状况相对比，分析企业债务安全状况。

【例 2-3】 以 A 公司为例，该公司的流动负债结构分析表如表 2-4 所示。

表 2-4　　　　　　　　　　　A 公司流动负债结构分析表

| 项目 | 2013 年（万元） | 2012 年（万元） | 2011 年（万元） | 2013 年比重（%） | 2012 年比重（%） | 2011 年比重（%） |
|---|---|---|---|---|---|---|
| 短期借款 | 7.00 | 0.00 | 645.00 | 0.96 | 0.00 | 46.74 |
| 应付账款 | 333.08 | 324.87 | 239.67 | 45.89 | 41.48 | 17.37 |
| 预收账款 | 30.76 | 137.83 | 50.67 | 4.24 | 17.60 | 3.67 |
| 应付职工薪酬 | 23.85 | 33.23 | 46.89 | 3.29 | 4.24 | 3.40 |
| 应交税费 | 7.68 | 123.75 | 106.85 | 1.06 | 15.80 | 7.74 |
| 应付股利 | 73.89 | 50.76 | 72.85 | 10.18 | 6.48 | 5.28 |
| 其他应付款 | 110.65 | 112.75 | 217.97 | 15.25 | 14.40 | 15.80 |
| 一年内到期的非流动负债 | 138.87 | 0.00 | 0.00 | 19.13 | 0.00 | 0.00 |
| 流动负债合计 | 725.78 | 783.19 | 1379.90 | 100.00 | 100.00 | 100.00 |

从表2-4中可以看出，公司的流动负债中，以应付账款为主，占流动负债总额的45%左右，2013年有上升的趋势。公司的短期借款在2011年曾达到645万元，到2012年就全部还清，2013年有一笔即将到期的非流动负债138.87元需要偿还，还有一笔7万元的新短期借款。总的来说，公司的短期偿债压力不是很大。

（四）非流动负债项目的解读

非流动负债主要由长期借款、长期应付款、专项应付款、递延所得税负债等项目组成。可以从以下几个方面对非流动负债进行解读。

（1）注意每一项非流动负债项目的金额、偿还期限、利率高低，知道企业金融负债状况。

（2）汇总企业负债的规模与水平，以反映出经营者的经营理念。同时，相关信息使用者也可以借此项目初步做出债务风险状况判断。

（3）分析近三年企业的非流动负债项目的变化趋势，与企业资产变动状况相对比，了解企业资产变动的资金来源。

【例2-4】 以A公司为例，该公司的非流动负债结构分析表如表2-5所示。

表2-5 　　　　　　　　　　A公司非流动负债结构分析表

| 项目 | 2013年（万元） | 2012年（万元） | 2011年（万元） | 2013年比重（%） | 2012年比重（%） | 2011年比重（%） |
|---|---|---|---|---|---|---|
| 长期借款 | 0.00 | 138.87 | 138.87 | 0.00 | 22.90 | 23.48 |
| 长期应付款 | 455.78 | 458.98 | 446.24 | 99.70 | 75.69 | 75.45 |
| 专项应付款 | 1.37 | 8.51 | 6.35 | 0.30 | 1.40 | 1.07 |
| 非流动负债合计 | 457.15 | 606.36 | 591.46 | 100.00 | 100.00 | 100.00 |

从表2-5中可以看出，公司的非流动负债以长期借款和长期应付款为主，2013年长期借款比期初减少了138.87万元，主要原因是此笔长期借款在一年内到期，将其转入到一年内到期的非流动负债中了，公司长期应付款占非流动负债的比重一直较高，应重点分析。

（五）所有者权益项目的解读

所有者权益主要有实收资本（股本）、资本公积、盈余公积、未分配利润组成，可以从以下几个方面对所有者权益进行解读。

（1）注意每一项所有者权益项目的金额，计算每一项占所有者权益的比重，反映不同资金来源的金额大小。

（2）结合利润分配表和相关资料来领会盈余公积、未分配利润项目提供的信息。

（3）通过比较年初年末所有者权益项目的增加和减少情况，来了解企业的经营状况。投资者借以了解自身投资应享有的权益状况。

【例2-5】 以A公司为例，该公司的所有者权益结构分析表如表2-6所示。

**表 2-6** A公司所有者权益结构分析表

| 项目 | 2013年（万元） | 2012年（万元） | 2011年（万元） | 2013年比重（%） | 2012年比重（%） | 2011年比重（%） |
|---|---|---|---|---|---|---|
| 股本 | 1196.45 | 1196.45 | 798.64 | 21.37 | 20.96 | 14.80 |
| 资本公积 | 2933.75 | 2933.75 | 3173.93 | 52.39 | 51.39 | 58.83 |
| 盈余公积 | 1323.87 | 1187.97 | 1075.23 | 23.64 | 20.81 | 19.93 |
| 未分配利润 | 145.87 | 390.34 | 346.97 | 2.60 | 6.84 | 6.43 |
| 所有者权益合计 | 5599.94 | 5708.51 | 5394.77 | 100.00 | 100.00 | 100.00 |

从表2-6中可以看出，公司股东权益结构基本稳定，股本2012年增加近400万元后，占股东权益的比重由原来的14.8%上升到20.96%，资本公积则一直是股东权益的主体，所占比率在50%以上，盈余公积的比重基本维持在20%左右，公司的未分配利润比重由前两年的6%下降到2013年的2.6%，公司的股东权益结构显示出公司丰厚的资本实力。

（六）资产负债表附注的解析

资产负债表附注主要是对资产负债表的重要项目以文字和数字描述相结合的方式进行批量，对资产负债表的附注进行解读有助于分析人员进一步了解企业的财务状况。

1. 货币资金项目附注信息分析

通过对货币资金项目的附注信息解读，可以了解企业货币资金构成，有无外汇资金，会不会受到汇率变化的影响，企业的货币资金是否充沛等情况。

2. 应收账款账龄的附注信息分析

通过对应收账款的分析，了解企业的应收账款账龄是否属于正常信用期范围，一般来说1年以内的都属于正常信用期范围；应收账款的变化幅度是否合适，并结合利润表中营业收入的变动情况进行分析。

3. 存货的附注信息分析

通过对存货的品种构成结构表阅读，分析原材料、产成品等存货的比重是否合理，结合企业的市场环境判断企业的发展前景能否持续，企业的存货是否存在积压等情况。

## 二、资产负债表的主要分析指标

（一）偿债能力分析

偿债能力是公司财务分析中一个很重要的因素。偿债能力主要指一个公司的财务灵活性及其偿还债务的能力。企业的融投资以及经营均影响企业的偿债能力。因此，了解企业的偿债能力，对企业各个方面的利益关系人而言都很重要。企业的偿债能力分析可以分为短期偿债能力分析和长期偿债能力分析。短期偿债能力分析指标主要有：流动比率、速动比率、现金比率；长期偿债能力分析指标主要有：资产负债率、股权比率、权益乘数、负债与股权比率。

1. 短期偿债能力

企业的流动性是指企业资源满足短期现金需要的能力。企业的短期现金需要通常包括支付日常生产经营开支的需要和偿还短期债务的需要。而企业的日常生产经营开支往往与短期债务密不可分。衡量企业短期偿债能力的指标主要有以下几个。

（1）流动比率

流动比率是指流动资产与流动负债的比值，其计算公式为：

$$流动比率 = \frac{流动资产}{流动负债}$$

流动资产是指现金以及将在1年内或长于1年的一个经营周期内转变为现金的资产。其主要包括：货币资金、交易性金融资产、应收账款、应收票据、预付账款、其他应收款、存货等。流动负债是指到期日在1年以内或长于1年的一个经营周期内到期的负债。其主要包括：短期借款、应付账款、应付票据、其他应付款、预收账款、应付职工薪酬、应交税费、1年内到期的非流动性负债等。

对流动比率的计算公式还可以做以下变形：

$$流动比率 = \frac{流动资产}{流动负债} = \frac{（流动资产 - 流动负债）+ 流动负债}{流动负债}$$

$$= \frac{营运资金 + 流动负债}{流动负债} = 1 + \frac{营运资金}{流动负债}$$

营运资金就是指流动资产减去流动负债的差额。由于流动资产是对流动负债的保障，营运资金数额越大，说明流动资产对流动负债的保障程度越大。企业营运资金的数额大小也直接反映了企业应付短期现金需求能力的强弱。

流动比率和营运资金考察的都是流动资产与流动负债的关系。但营运资金是绝对数额，而流动比率是相对比值，因此与营运资金相比，流动比率更能反映出流动资产对流动负债的保障程度。例如，甲企业流动资产为100万，流动负债为50万，乙企业流动资产为200万，流动负债为140万。甲企业的营运资金为50万，乙企业的营运资金为60万，从营运资金上看，乙企业的金额要大于甲企业的金额，好像乙企业应付短期现金需求的能力强。但事实上，甲企业的流动比率是2，乙企业的流动比率是1.43，也就是甲企业每1元流动负债有2元流动资产为其作保障，而乙企业每1元钱只有1.43元流动资产为其作保障，甲企业的短期偿债能力更强。

【例2-6】　ABC企业2013年度资产负债表如表2-7所示：

表2-7　　　　　　　　　　　　　　资产负债表

编制单位：ABC公司　　　　　　　2013年12月31日　　　　　　　　　　单位：元

| 资产 | 行次 | 期末余额 | 年初余额 | 负债和所有者权益（或股东权益） | 行次 | 期末余额 | 年初余额 |
|---|---|---|---|---|---|---|---|
| 流动资产： | | | | 流动负债： | | | |
| 货币资金 | | 46200 | 11770 | 短期借款 | | 22000 | 11000 |
| 交易性金融资产 | | 5500 | 11000 | 交易性金融负债 | | | |
| 应收票据 | | 1100 | 5500 | 应付票据 | | 5500 | 4400 |

续 表

| 资产 | 行次 | 期末余额 | 年初余额 | 负债和所有者权益（或股东权益） | 行次 | 期末余额 | 年初余额 |
|---|---|---|---|---|---|---|---|
| 应收账款 | | 69850 | 41800 | 应付账款 | | 12650 | 9900 |
| 预付款项 | | 71500 | 4300 | 预收款项 | | 7400 | 7700 |
| 应收利息 | | | | 应付职工薪酬 | | 2200 | 1100 |
| 应收股利 | | | | 应交税费 | | 15950 | 14850 |
| 其他应收款 | | 1650 | 550 | 应付利息 | | | |
| 存货 | | 88000 | 110000 | 应付股利 | | | 1100 |
| 一年内非到期的流动资产 | | | | 其他应付款 | | 3300 | 1100 |
| 其他流动资产 | | 4400 | 2200 | 一年内到期的非流动负债 | | 5500 | 3850 |
| 流动资产合计 | | 216700 | 186670 | 其他流动负债 | | | |
| 非流动资产： | | | | 流动负债合计 | | 74500 | 55000 |
| 可供出售金融资产 | | | | 非流动负债： | | | |
| 持有至到期投资 | | 23000 | 3000 | 长期借款 | | 44000 | 60500 |
| 长期应收款 | | | | 应付债券 | | 33000 | 22000 |
| 长期股权投资 | | 32000 | 8000 | 长期应付款 | | 5500 | 5500 |
| 投资性房地产 | | | | 专项应付款 | | | |
| 固定资产 | | 111870 | 82500 | 预计负债 | | 2500 | |
| 在建工程 | | 4400 | | 递延所得税负债 | | 1000 | 2000 |
| 工程物资 | | | | 其他非流动负债 | | | |
| 固定资产清理 | | 3300 | 9900 | 非流动负债合计 | | 86000 | 90000 |
| 生产性生物资产 | | | | 负债合计 | | 160500 | 145000 |
| 油气资产 | | | | 所有者权益（或股东权益）： | | | |
| 无形资产 | | 7700 | 1100 | 实收资本（或股本） | | 110000 | 110000 |
| 开发支出 | | | | 资本公积 | | 10000 | 9000 |
| 商誉 | | | | 减：库存股 | | | |
| 长期待摊费用 | | 2200 | 3300 | 盈余公积 | | 95370 | 22000 |
| 递延所得税资产 | | | | 未分配利润 | | 25300 | 8470 |
| 其他非流动资产 | | | | 所有者权益（或股东权益）合计 | | 240670 | 149470 |
| 非流动资产合计 | | 184470 | 107800 | | | | |
| 资产合计 | | 401170 | 294470 | 负债和所有者权益（或股东权益）合计 | | 401170 | 294470 |

该公司年初、年末流动比率可计算如下：

$$年初流动比率 = \frac{流动资产}{流动负债} = \frac{186670}{55000} = 3.394$$

$$年末流动比率 = \frac{流动资产}{流动负债} = \frac{216700}{74500} = 2.91$$

可以看出，该企业资产流动性很强，短期偿债能力强。

流动比率是衡量企业流动性和短期偿债能力的一个非常有用的工具，被广泛使用。一般认为生产企业合理的最低流动比率是 2。通常来说，企业的流动比率越大越好。但是，如果流动比率过高，则表明流动资产占用多，意味着可能存在库存材料积压或产成品滞销问题。同时流动比率的设计也存在一定的缺陷，流动比率反映的是期末一个静态时点上的流动资产和流动负债的关系，而企业的流动性和偿债能力是一个动态过程，用一个静态指标反映一个动态过程，不可能将所有应当考虑的因素考虑进去。另外，流动资产的变现能力的强弱也会在一定程度上影响了流动资产对流动负债的保障程度。

（2）速动比率

速动比率又称酸性测试比率，是速动资产和流动负债的比值。其计算公式为：

$$速动比率 = \frac{速动资产}{流动负债}$$

速动资产是指能迅速转化为现金的资产，主要有货币资金、交易性金融资产、应收账款、应收票据等。而存活的变现能力相对较差，因此把存货从流动资产中减去后得到的速动比率反映的短期偿债能力更令人信服。一般来说，企业的速动比率越高，说明企业的流动性越强，流动负债的安全保障程度越高，短期债权人到期收到本息的可能性也越大。根据经验，通常认为企业合理的最低速动比率是 1。但是，这个数据也是相对的，因为不同行业对速动比率的影响较大。比如，商店几乎没有应收账款，比率会大大低于 1。

【例 2-7】 同例 2-1 相关数据。

该公司年初、年末的速动比率如下：

$$年初速动比率 = \frac{速动资产}{流动负债} = \frac{(186670 - 110000)}{55000} = 1.394$$

$$年末速动比率 = \frac{速动资产}{流动负债} = \frac{(216700 - 88000)}{74500} = 1.728$$

可以看出，该企业资产的速动性很强，短期偿债能力强，企业有足够的能力偿还短期债务，但同时也说明企业拥有过多的不能获利的现款和应收账款。

在对速动比率进行分析时，除了与经验数据 1 进行比较外，还可以与同行业平均水平或竞争对手水平进行横向比较，或与企业以往各期的速动比率进行纵向比较，从而判断企业在行业中所处的地位及变动的趋势。

与流动比率相比较，速动比率考虑了不同流动资产流动性的差异，考察的是流动性较强资产对流动负债的保障程度。与流动比率类似，速动比率也是一个静态比率，不能完全反映下一个期间现金流入和流出的动态过程，因而对下一个期间企业流动性和短期偿债能力的反映不尽完善。

（3）现金比率

现金比率是现金和现金等价物与流动负债的比值，其计算公式如下：

$$现金比率=\frac{现金+现金等价物}{流动负债}$$

公式中的现金是指可立即动用的资金，主要指库存现金和银行活期存款。现金等价物主要指企业持有的期限很短、易于转换为已知金额的现金、价值变动风险很小的短期投资，通常指有价证券投资。由于这些短期投资的变现能力很强，在需要资金时可以随时出售以获得现金，其支付能力类似于可立即动用的资金，因而称为现金等价物。

**【例 2-8】** 同例 2-1 相关数据。

假定公司货币资金即为全部现金及现金等价物，则可计算该公司年初、年末的现金比率如下：

$$年初现金比率=\frac{11770}{55000}=0.214$$

$$年末现金比率=\frac{46200}{74500}=0.62$$

说明该企业现金比率相比年初增加较多，说明资产的流动性强，短期偿债能力强，但同时表明企业持有大量不能产生收益的现金，可能会使企业获利能力降低。

现金比率将应收账款和应收票据等流动性较强的资产也排除在外，反映的是支付能力极强的现金和现金等价物对流动负债的保障程度，因而比速动比率更保守。现金比率主要适用于那些应收账款和存货的变现能力都存在问题的企业。

一般来说，企业的现金比率越高，说明企业的流动性越强，流动负债的安全保障程度越高，短期债权人到期收到本息的可能性也越大。但是，利用这个比率进行分析的时候，也要从企业的角度出发综合考虑，不是现金比率越大越好。在对现金比率进行分析时，还应与同行业平均水平或竞争对手水平进行横向比较，或与企业以往各期的速动比率进行纵向比较，从而判断企业在行业中所处的地位及变动的趋势。

与流动比率和速动比率相比较，现金比率考察的是流动性极强的现金和现金等价物对流动负债的保障程度。与流动比率和速动比率类似，现金比率也是一个静态比率，不能完全反映下一个期间现金流入和流出的动态过程，因而对下一个期间企业流动性和短期偿债能力的反映不尽完善。

2. 长期偿债能力分析

（1）资产负债率

资产负债率，又称负债比率，是指负债总额在全部资产中所占的比重。其计算公式如下：

$$资产负债率=\frac{负债总额}{资产总额}\times100\%$$

资产负债率反映企业对负债的保障程度，用以衡量企业的偿债能力。对于债权人来说，这个比例越低越好。负债占资产的比率越低，说明可用于抵债的资产越多，表明企业的偿债能力越强，债权人借出资金的安全程度越高；反之，则说明企业的偿债能力越弱，债权人借出资金的安全程度越低。分析时，要特别注意资产负债率是否超过 100%，如果资产负债率大于100%，表明企业已资不抵债，视为达到破产的警戒线。

**【例2-9】** 同例2-1相关数据。

可计算该公司年初、年末资产负债率如下：

$$年初资产负债率=\frac{145000}{294470}\times100\%=49.24\%$$

$$年末资产负债率=\frac{160500}{401170}\times100\%=40\%$$

从以上计算可见，该公司资产负债率年末较年初低，说明企业的偿债能力更强；但是，企业的负债数额只占总资产的40%，说明企业的负债并不高，企业并没有很好地利用负债增加企业的收益。

（2）股权比率

股权比率是指企业股东权益总额与资产总额的比值，其计算公式为：

$$股权比率=\frac{股东权益总额}{资产总额}\times100\%$$

股权比率反映了在企业全部资金中有多少是所有者提供的。一个企业的资金来源有两个，或来源于债权人提供的负债资金，或来源于投资者提供的权益资金，所以股权比率和资产负债率之和等于1。如果一个企业的资产负债率是60%，那么它的股权比率就是40%。

**【例2-10】** 同例2-1相关数据。

可计算该公司年初、年末股权比率如下：

$$年初股权比率=\frac{149470}{294470}\times100\%=50.76\%$$

$$年末股权比率=\frac{240670}{401170}\times100\%=59.99\%$$

因此一个企业的股权比率余额高，资产负债率就越低，说明所有者投入的资金在全部资金中所占的比率越大，而债权人投入的资金所占比率越小，反之亦然。

（3）权益乘数

权益乘数又称股本乘数，是指资产总额相当于股东权益的倍数，其计算公式为：

$$权益乘数=\frac{资产总额}{股东权益总额}=\frac{1}{1-资产负债率}$$

通常情况下权益乘数应该大于1，因此不用百分数来表示。权益乘数越大表明所有者投入企业的资本占全部资产的比重越小，企业负债的程度越高；反之，该比率越小，表明所有者投入企业的资本占全部资产的比重越大，企业的负债程度越低，债权人权益受保护的程度越高。

**【例2-11】** 同例2-1相关数据。

可计算该公司年初、年末权益乘数如下：

$$年初权益乘数=\frac{294470}{149470}=1.97$$

$$年末权益乘数=\frac{401170}{240670}=1.67$$

从以上计算可见，该公司权益乘数年末较年初低，说明企业的负债程度降低。企业的负债的降低，使得债权人权益受保护的程度更高，但也从另一个方面说明企业并没有很好地利用负债的杠杆效应增加企业的收益。

从上面的范例也可看出，权益乘数是股权比率的倒数，因此与股权比率是此消彼长的关系。权益乘数的分析与资产负债率相似，不再赘述。

（4）负债权益比率

负债权益比率是企业的负债与权益之比，又称产权比率，其计算公式为：

$$负债权益比率 = \frac{负债总额}{股东权益总额} \times 100\%$$

负债权益比率反映企业财务结构的强弱，以及债权人的资本受到所有者权益的保障程度。负债权益比率高，说明企业总资本中负债资本高，因而对负债资本的保障程度较弱；负债权益比率低，则说明企业本身的财务实力较强，因而对负债资本的保障程度较高。

【例 2-12】 同例 2-1 相关数据。

根据资料，计算出年初、年末负债权益比率如下：

$$年初负债权益比率 = \frac{145000}{149470} \times 100\% = 97.01\%$$

$$年末负债权益比率 = \frac{160500}{240670} \times 100\% = 66.69\%$$

计算结果表明，该公司产权比率年末较年初下降了 30.32 个百分点，债权人投入的资金受到所有者权益保障的程度提高了 30.32 个百分点，这对债权人来说显然是有利的。

有范例可以看出，负债权益比率与资产负债率同方向变动，与股权比率反方向变动。负债权益比率的分析与资产负债率相似，不再赘述。

（二）营运能力分析

企业营运能力主要指企业营运资产的效率与效益。企业营运资产的效率主要指资产的周转率或周转速度。企业营运资产的效益通常是指企业的产出额与资产占用额之间的比率。通过对反映企业资产营运效率与效益的指标进行计算与分析，评价企业的营运能力，为企业提高经济效益指明方向。营运能力分析可评价企业资产营运的效率；营运能力分析可发现企业在资产营运中存在的问题；营运能力分析是赢利能力分析和偿债能力分析的基础与补充。

（1）存货周转率和存货周转期

存货周转率又名库存周转率，是衡量和评价企业购入存货、投入生产、销售收回等各环节管理状况的综合性指标。它是销货成本被平均存货所除而得到的比率，或叫存货的周转次数，用时间表示的存货周转率就是存货周转天数。

$$存货周转率 = \frac{主营业务成本}{存货平均余额}$$

$$= \frac{主营业务成本}{(存货期初余额 + 存货期末余额)/2}$$

$$存货周转期 = \frac{360}{存货周转率} = \frac{存货平均余额 \times 360}{主营业务成本}$$

存货周转率用于反映存货的周转速度，即存货的流动性及存货资金占用量是否合理，促使企业在保证生产经营连续性的同时，提高资金的使用效率，增强企业的短期偿债能力。存货周转率是企业营运能力分析的重要指标之一，在企业管理决策中被广泛地使用。存货周转率不仅可以用来衡量企业生产经营各环节中存货运营效率，而且还被用来评价企业的经营业绩，反映企业的绩效。

一般来讲，存货周转速度越快，存货的占用水平越低，流动性越强，存货转换为现金或应收账款的速度越快。因此，提高存货周转率可以提高企业的变现能力。

【例 2-13】 某公司在 2013 年一季度的销售物料成本为 120 万元，其季度初的库存价值为 30 万元，该季度末的库存价值为 50 万元，那么其库存周转率为 120/[(30+50)/2]=3 次。相当于该企业用平均 40 万的现金在一个季度里面周转了 3 次，赚了 3 次利润。如果每季度平均销售物料成本不变，每季度末的库存平均值也不变，那么该企业的年库存周转率就变为 120×4/40=12 次。就相当于该企业一年用 40 万的现金转了 12 次利润。存货周转期就是 360/12=30 天。

存货周转期反映企业从购入存货到卖出存货所需要的天数。但也要注意，存货周转天数不是越低越好。比如，减少存货量，可以缩短周转天数，但可能会对正常的经营活动带来不利影响。

在使用这个存货周转率和存货周转期进行分析时也要注意构成存货的产成品、自制半成品、原材料、在产品和低值易耗品之间的比例关系。正常的情况下，各类存货之间存在某种比例关系，如果某一类的比重发生明显的大幅度变化，可能就暗示存在某种问题。比如，产成品大量增加，其他项目减少，很可能销售不畅，放慢了生产节奏，此时，总的存货余额可能并没有显著变化，甚至尚未引起存货周转率的显著变化。

(2) 应收账款周转率和应收账款周转期

应收账款周转率就是反映公司应收账款周转速度的比率。它说明一定期间内公司应收账款转为现金的平均次数。用时间表示的应收账款周转速度为应收账款周转天数，也称平均应收账款回收期或平均收现期。它表示公司从获得应收账款的权利到收回款项、变成现金所需要的时间。公司的应收账款在流动资产中具有举足轻重的地位。公司的应收账款如能及时收回，公司的资金使用效率便能大幅提高。

$$应收账款周转率 = \frac{主营业务收入}{应收账款平均余额}$$

$$= \frac{主营业务收入}{(应收账款期初余额+应收账款期末余额)/2}$$

$$应收账款周转期 = \frac{360}{应收账款周转率} = \frac{应收账款平均数×360}{主营业务收入}$$

一般来说，应收账款周转率越高越好，表明公司收账速度快，平均收账期短，坏账损失少，资产流动快，偿债能力强。与之相对应，应收账款周转天数则是越短越好。

【例 2-14】 同例 2-1 相关数据。

假如企业的主营业务收入是 1022000 元，则：

$$应收账款周转率 = \frac{主营业务收入}{应收账款平均余额} = \frac{1022000}{(41800+62700)/2} = 19.56（次）$$

  说明企业的应收账款一年内周转了 19.56 次，应收账款周转期是 18 天，企业的收款能力比较强。

  如果公司实际收回账款的天数越过了公司规定的应收账款天数，则说明债务人拖欠时间长，资信度低，增大了发生坏账损失的风险；同时也说明公司催收账款不力，使资产形成了呆账甚至坏账，造成了流动资产不流动，这对公司正常的生产经营是很不利的。但从另一方面说，如果公司的应收账款周转天数太短，则表明公司奉行较紧的信用政策，付款条件过于苛刻，这样会限制企业销售量的扩大，特别是当这种限制的代价（机会收益）大于赊销成本时，会影响企业的赢利水平。分析者在分析这两个指标时应将公司本期指标和公司前期指标、行业平均水平或其他类似公司的指标相比较，判断该指标的高低。

  （3）流动资产周转率和流动资产周转期

  流动资产周转率指企业一定时期内主营业务收入同流动资产平均余额的比率，流动资产周转率是评价企业资产利用率的一个重要指标。

$$流动资产周转率 = \frac{主营业务收入}{流动资产平均余额}$$

$$= \frac{主营业务收入}{（流动资产期初余额＋流动资产期末余额）/2}$$

$$流动资产周转期 = \frac{360}{流动资产周转率} = \frac{流动资产平均余额 \times 360}{主营业务收入}$$

  在一定时期内，流动资产周转次数越多，表明以相同的流动资产完成的周转额越多，流动资产利用的效果越好。流动资产周转率用周转天数表示时，周转一次所需要的天数越少，表明流动资产在经历生产和销售各阶段时占用的时间越短，周转越快。

  【例 2-15】 同例 2-1 相关数据。

  假如企业的主营业务收入是 1022000 元，则：

$$流动资产周转率 = \frac{主营业务收入}{流动资产平均余额} = \frac{1022000}{（216700＋186670）/2} = 5.07（次）$$

  说明企业的流动资产在一年内流动了 5.07 次，流动资产的周转期是 72 天，生产经营状况较好。

  生产经营任何一个环节上的工作得到改善，都会反映到周转天数的缩短上来。按天数表示的流动资产周转率能更直接地反映生产经营状况的改善，便于比较不同时期的流动资产周转率，应用较为普遍。

  流动资产周转率是从企业全部资产中流动性最强的流动资产角度对企业资产的利用效率进行分析，以进一步揭示影响企业资产质量的主要因素。要实现该指标的良性变动，应以主营业务收入增幅高于流动资产增幅作保证。通过该指标的对比分析，可以促进企业加强内部管理，充分有效地利用流动资产，如降低成本、调动暂时闲置的货币资金用于短期投资创造收益等，还可以促进企业采取措施扩大销售，提高流动资产的综合使用效率。一般情况下，该指标越高，表明企业流动资产周转速度越快，利用越好。在较快的周转速度下，流动资产会相对节约，相当于流动资产投入的增加，在一定程度上增强了企业的赢利能力；而周转速度慢，则需要补充流动资金参加周转，会形成资金浪费，降低企业赢利能力。

（4）固定资产周转率和固定资产周转期

固定资产周转率是反映固定资产周转快慢的重要指标，它等于主营业务收入与固定资产平均余额纸币。

$$固定资产周转率 = \frac{主营业务收入}{固定资产平均余额}$$

$$= \frac{主营业务收入}{（固定资产期初余额＋固定资产期末余额）/2}$$

$$固定资产周转期 = \frac{360}{固定资产周转率} = \frac{固定资产平均余额 \times 360}{主营业务收入}$$

固定资产周转率表示在一个会计年度内，固定资产周转的次数，或表示每 1 元固定资产支持的销售收入。固定资产周转天数表示在一个会计年度内，固定资产转换成现金平均需要的时间，即平均天数。固定资产的周转次数越多，则周转天数越短；周转次数越少，则周转天数越长。

【例 2－16】　同例 2－1 相关数据。

假如企业的主营业务收入是 1022000 元，则：

$$固定资产周转率 = \frac{主营业务收入}{固定资产平均余额} = \frac{1022000}{（111870＋82500）/2} = 10.52（次）$$

说明企业固定资产的利用率很高。

固定资产周转率主要用于分析对厂房、设备等固定资产的利用效率，比率越高，说明利用率越高，管理水平越好。如果固定资产周转率与同行业平均水平相比偏低，则说明企业对固定资产的利用率较低，可能会影响企业的获利能力。

使用固定资产周转率分析时应注意：①这一指标的分母采用平均固定资产净值，因此指标的比较将受到折旧方法和折旧年限的影响，应注意其可比性问题。②当企业固定资产净值率过低（如因资产陈旧或过度计提折旧），或者当企业属于劳动密集型企业时，这一比率就可能没有太大的意义。

（5）总资产周转率和总资产周转期

总资产周转率是指企业在一定时期业务收入净额同平均资产总额的比率。总资产周转率是考察企业资产运营效率的一项重要指标，体现了企业经营期间全部资产从投入到产出的流转速度，反映了企业全部资产的管理质量和利用效率。通过该指标的对比分析，可以反映企业本年度以及以前年度总资产的运营效率和变化，发现企业与同类企业在资产利用上的差距，促进企业挖掘潜力、积极创收、提高产品市场占有率、提高资产利用效率。一般情况下，该数值越高，表明企业总资产周转速度越快。销售能力越强，资产利用效率越高。

$$总资产周转率 = \frac{主营业务收入}{资产平均余额}$$

$$= \frac{主营业务收入}{（资产期初余额＋资产期末余额）/2}$$

$$总资产周转期 = \frac{360}{资产周转率} = \frac{资产平均余额 \times 360}{主营业务收入}$$

注意：主营业务收入是指销售总收入减去销售退回、销售折扣、销售扣让后的净额。

总资产周转率综合反映了企业整体资产的营运能力，一般来说，资产的周转次数越多或周转天数越少，表明其周转速度越快，营运能力也就越强。在此基础上，应进一步从各个构成要素进行分析，以便查明总资产周转率升降的原因。企业可以通过薄利多销的办法，加速资产的周转，带来利润绝对额的增加。

【例 2-17】　同例 2-1 相关数据。

假如企业的主营业务收入是 1022000 元，则：

$$总资产周转率=\frac{主营业务收入}{资产平均余额}=\frac{1022000}{(401170+294470)/2}=2.94（次）$$

该企业资产的营运能力较好。

需要注意的是，对流动资产、固定资产和总资产来说，主营业务收入并不能很好地代表其周转额，但由于它们的周转额很难在相关数据中找到，加上主营业务收入是代表企业营业规模的一个很好的指标，因此仿照应收账款周转率和应收账款周转期的计算公式，分别计算流动资产、固定资产和总资产的周转率和周转天数。但是，这样计算出的流动资产、固定资产和总资产的周转率和周转期并非没有意义，它们仍然能够反映各自的周转速度和利用状况，为分析企业的营运能力提供很好的依据。

表 2-8　　　　　　　　　　资产负债表财务分析指标小结

| 序号 | 分析指标 | | 计算公式 | 分析与评价 |
|---|---|---|---|---|
| 1 | 偿债能力分析 | 流动比率 | 流动资产/流动负债×100% | 本指标可用来衡量企业偿还短期债务能力强弱。流动比率以 2:1 较为理想，最少要 1:1 |
| 2 | | 速动比率 | 速动资产/流动负债×100% | 该指标还可以衡量流动比率的真实性。速动比率一般以 1:1 为理想，越大，偿债能力越强，但不可低于 0.5:1 |
| 3 | | 现金比率 | （现金＋现金等价物）/流动负债×100% | 本指标比率越高，说明企业的流动性越强，流动负债的安全保障程度越高，短期债权人到期收到本息的可能性也越大 |
| 4 | | 资产负债率 | 负债总额/资产总额×100% | 本指标反映企业对负债的保障程度，用以衡量企业的偿债能力。对于债权人来说，这个比例越低越好 |
| 5 | | 股权比率 | 股东权益总额/资产总额×100% | 本指标反映了在企业全部资金中有多少是所有者提供的 |
| 6 | | 权益乘数 | 资产总额/股东权益总额 | 本指标越大，表明所有者投入企业的资本占全部资产的比重越小，企业负债的程度越高 |
| 7 | | 负债权益比率 | 负债总额/股东权益总额×100% | 本指标反映企业财务结构的强弱，以及债权人的资本受到所有者权益的保障程度。负债权益比率高，说明企业总资本中负债资本高 |

| 序号 | 分析指标 | | 计算公式 | 分析与评价 |
|---|---|---|---|---|
| 8 | 营运能力分析 | 存货周转率 | 主营业务成本/存货平均余额 | 本指标用于反映存货的周转速度，即存货的流动性及存货资金占用量是否合理，促使企业保证生产经营连续性 |
| 9 | | 应收账款周转率 | 主营业务收入/应收账款平均余额 | 本指标反映公司应收账款转为现金的平均次数。该指标越高越好，表明公司收账速度快 |
| 10 | | 流动资产周转率 | 主营业务收入/流动资产平均余额 | 本指标是评价企业资产利用率的一个重要指标。本指标数值越大，说明以相同的流动资产完成的周转额越多，流动资产利用的效果越好 |
| 11 | | 固定资产周转率 | 主营业务收入/固定资产平均余额 | 本指标表示在一个会计年度内，固定资产周转的次数，或表示每1元固定资产支持的销售收入 |
| 12 | | 总资产周转率 | 主营业务收入/资产平均余额 | 本指标反映企业经营期间全部资产从投入到产出的流转速度，反映了企业全部资产的管理质量和利用效率 |

## 重要名词中英文对照

| 资产负债表 | Balance sheet |
|---|---|
| 流动性 | Liquidity |
| 货币资金 | Monetary fund |
| 应收账款 | Account receivable |
| 流动资产 | Current assets |
| 流动比率 | Current ratio |
| 速动比率 | Acid-test ratio |
| 现金比率 | Liquidity ratio |
| 资产负债率 | Debt asset ratio |
| 权益乘数 | Equity multiplier，EM |
| 存货周转率 | Inventory turnover |
| 应收账款周转率 | Receivables turnover ratio |
| 流动资产周转率 | Current assets turnover |
| 固定资产周转率 | Fixed assets turnover |
| 总资产周转率 | Total assets turnover |

**实训项目**

项目一

【训练目的】掌握资产负债表分析应具备的基本知识。

【训练要求】以下各题只有一个正确选项，请将正确的选项填在括号内。

1. 成龙公司 2013 年的主营业务收入为 60111 万元，其中年初资产总额为 6810 万元，年末资产总额为 8600 万元，该公司总资产周转率及周转天数分别为（  ）。

　　A. 8.83 次，40.77 天　　　　　　　　B. 6.99 次，51.5 天

　　C. 8.83 次，51.5 天　　　　　　　　D. 7.8 次，46.15 天

2. 企业（  ）时，可以增加流动资产的实际变现能力。

　　A. 取得应收票据贴现款　　　　　　　B. 为其他单位提供债务担保

　　C. 拥有较多的长期资产　　　　　　　D. 有可动用的银行贷款指标

3. 某企业的流动资产为 360000 元，长期资产为 4800000 元，流动负债为 205000 元，长期负债为 780000 元，则资产负债率为（  ）。

　　A. 15.12%　　　　　　　　　　　　　B. 19.09%

　　C. 16.25%　　　　　　　　　　　　　D. 20.52%

4. 资产负债表的附表是（  ）。

　　A. 应交增值税明细表　　　　　　　　B. 分部报表

　　C. 利润分配表　　　　　　　　　　　D. 财务报表附注

5. 正大公司 2001 年年末资产总额为 1650000 元，负债总额为 1023000 元，计算产权比率为（  ）。

　　A. 0.62　　　　　　　　　　　　　　B. 0.61

　　C. 0.38　　　　　　　　　　　　　　D. 1.63

6. 企业的应收账款周转天数为 90 天，存货周转天数为 180 天，则简化计算营业周期为（  ）天。

　　A. 90　　　　　　B. 180　　　　　　C. 270　　　　　　D. 360

7. 下列可用于短期偿债能力的比率分析的是（  ）。

　　A. 资产负债比率　　　　　　　　　　B. 所有者权益比率

　　C. 流动比率　　　　　　　　　　　　D. 权益乘数

8. 某公司流动资产比率为 30%，固定资产比率为 50%，则流动资产与固定资产的比率为（  ）。

　　A. 167%　　　　　　　　　　　　　　B. 120%

　　C. 80%　　　　　　　　　　　　　　D. 60%

9. 某公司某年末资产总额为 1000 万元，如果知道公司的产权比率为 1.5，有形净值债务比率为 2，则公司的无形资产和递延资产之和为（  ）。

　　A. 250 万元　　　　　　　　　　　　B. 200 万元

　　C. 150 万元　　　　　　　　　　　　D. 100 万元

10. 如果企业速动比率很小，下列结论成立的是（　　）。

A. 企业流动资产占用过多　　　　B. 企业短期偿债能力很强

C. 企业短期偿债风险很大　　　　D. 企业资产流动性很强

项目二

【训练目的】掌握资产负债表分析应具备的基本知识。

【训练要求】以下各题有多个正确选项，请将正确的选项填在括号内。

1. 影响企业资产周转率的因素包括（　　）。

A. 资产的管理力度　　　　　　　B. 经营周期的长短

C. 资产构成及其质量　　　　　　D. 企业所采用的财务政策

E. 所处行业及其经营背景

2. 不能用于偿还流动负债的流动资产有（　　）。

A. 信用卡保证金存款　　　　　　B. 有退货权的应收账款

C. 存出投资款　　　　　　　　　D. 回收期在一年以上的应收账款

E. 现金

3. 计算存货周转率时，应考虑的因素有（　　）。

A. 主营业务收入　　　　　　　　B. 期初存货净额

C. 期末存货净额　　　　　　　　D. 主营业务成本

E. 存货平均净额

4. 下列财务比率中，比率越高，直接说明企业长期偿债能力越强的有（　　）。

A. 总资产净利率　　　　　　　　B. 净资产收益率

C. 资产负债率　　　　　　　　　D. 利息保障倍数

E. 所有者权益比率

5. 提高应收账款周转率有助于（　　）。

A. 加快资金周转　　　　　　　　B. 提高生产能力

C. 增强短期偿债能力　　　　　　D. 减少坏账损失

E. 提高存货周转率

6. 下列有关权益乘数说法正确的有（　　）。

A. 表示企业的负债程度　　　　　B. 它是股权比率的倒数

C. 它在数值上等于权益净利率除以资产收益率

D. 权益乘数总是固定的

E. 权益乘数越大，说明投资者投入的定量资本在生产经营中所运营的资产越多

7. 下列属于速动资产范围的有（　　）。

A. 货币资金　　　　　　　　　　B. 预付账款

C. 存货　　　　　　　　　　　　D. 待摊费用

E. 应收账款

8. 企业的应收账款周转率越高，则（　　）。

A. 存货周转越快　　　　　　　　B. 收账越迅速

C. 资产流动性越弱　　　　　　　D. 短期偿债能力越强

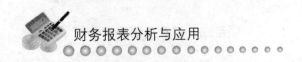

E. 营业周期越长

9. 下列有关权益乘数的说法中正确的是（　　）。

A. 权益乘数反映了所有者权益同企业总资产的关系

B. 权益乘数受债务比率的影响

C. 权益乘数有可能是正数，也可能是负数

D. 在资产总额既定的前提下，权益乘数与所有者权益的数额成正比

10. 使用流动比率指标分析企业短期偿债能力的缺陷在于没有考虑（　　）。

A. 短期资产长期化　　　　　　　　B. 虚资产

C. 流动资产的内部结构　　　　　　D. 流动负债的内部结构

项目三

【训练目的】掌握资产负债表分析的基本方法。

【训练要求】阅读报表完成相关分析。

ABC 公司 20××年的资产负债表如表 2-9 所示。

**表 2-9　　　　　　　　　　　　　　资产负债表**

编制单位：ABC公司　　　　　　　20××年12月31日　　　　　　　　单位：万元

| 资产 | 年初数 | 年末数 | 负债和股东权益 | 年初数 | 年末数 |
|---|---|---|---|---|---|
| 流动资产： | | | 流动负债： | | |
| 货币资金 | 300 | 875 | 短期借款 | 1250 | 900 |
| 交易性金融资产 | 250 | 300 | 交易性金融负债 | 0 | 100 |
| 应收账款 | 10000 | 10500 | 应付账款 | 7500 | 7800 |
| 应收票据 | 650 | 775 | 应付票据 | 1575 | 2025 |
| 应收利息 | 750 | 875 | 一年内到期的非流动负债 | 775 | 800 |
| 存货 | 950 | 1050 | | | |
| 一年内到期的非流动资产 | 250 | 200 | 流动负债合计 | 11100 | 11625 |
| 其他流动资产 | 425 | 225 | 非流动负债： | | |
| 流动资产合计 | 13575 | 14800 | 长期借款 | 12500 | 11750 |
| 非流动资产： | | | 应付债券 | 1500 | 2000 |
| 长期股权投资 | 5000 | 4500 | 非流动负债合计 | 14000 | 13750 |
| 固定资产 | 20000 | 21000 | 负债合计 | 25100 | 25375 |
| 无形资产 | 10000 | 12000 | 股东权益： | | |
| 非流动资产合计 | 35000 | 37500 | 股本 | 12500 | 12500 |
| | | | 留存收益 | 10975 | 14425 |
| | | | 股东权益合计 | 23475 | 26925 |
| 资产总计 | 48575 | 52300 | 负债和股东权益总计 | 48575 | 52300 |

要求：

（1）计算20××年年末流动比率、速动比率、现金比率、资产负债率、股权比率、权益乘数、负债权益比率（涉及资产负债表数据使用年末数）；

（2）计算20××年的应收账款及应收票据周转次数、存货周转次数、固定资产周转率和总资产周转率（涉及资产负债表使用平均数）。

项目四

【训练目的】掌握资产负债表分析的基本方法。

【训练要求】阅读报表完成相关分析。

某企业是一家上市公司，20××年有关资料如表2-10所示。

表2-10　　　　　　　　　　　　资产负债表

编制单位：DEF公司　　　　　　　　20××年12月31日　　　　　　　　单位：万元

| 资产 | 期初 | 期末 | 负债及股东权益 | 期初 | 期末 |
|---|---|---|---|---|---|
| 流动资产： | | | 流动负债： | | |
| 货币资金 | 8679 | 20994 | 短期借款 | 13766 | 37225 |
| 交易性金融资产 | | 973 | 应付账款 | 2578 | 5238 |
| 应收账款 | 9419 | 13596 | 应付职工薪酬 | 478 | 508 |
| 其他应收款 | 3489 | 7215 | 应交税费 | 51 | 461 |
| 减：坏账准备 | 35 | 2081 | 其他应付款 | 2878 | 7654 |
| 应收账款净额 | 12873 | 18730 | 流动负债合计 | 19751 | 51086 |
| 存货 | 13052 | 16007 | 长期负债 | 640 | 320 |
| 减：存货跌价准备 | | 229 | 负债合计 | 20391 | 51406 |
| 存货净额 | 13052 | 15778 | 股东权益： | | |
| 其他流动资产 | 2828 | 3277 | 股本 | 16535 | 24803 |
| 流动资产合计 | 37432 | 59752 | 资本公积 | 25752 | 17484 |
| 非流动资产： | | | 盈余公积 | 6017 | 17484 |
| 长期股权投资 | 13957 | 15197 | 未分配利润 | 1395 | 19225 |
| 固定资产 | 20033 | 42939 | 股东权益合计 | 61699 | 69400 |
| 在建工程 | 9978 | 1534 | | | |
| 无形资产 | 690 | 1384 | | | |
| 非流动资产合计 | 44658 | 61054 | | | |
| 合计 | 82090 | 120806 | 负债及股东权益合计 | 82090 | 120806 |

**表 2 - 11**　　　　　　　　　　　**应收款账龄表**　　　　　　　　单位：万元

| 账龄 | 期初数 | 比例（%） | 期末 | 比例（%） |
|---|---|---|---|---|
| 1 年以内 | 8617 | 91.48 | 10699 | 78.68 |
| 1～2 年 | 376 | 3.99 | 2147 | 15.79 |
| 2～3 年 | 180 | 1.91 | 325 | 238 |
| 3 年以上 | 246 | 2.62 | 425 | 3.14 |
| 合计 | 9419 | 100 | 13596 | 100 |

**表 2 - 12**　　　　　　　　　　　**其他应收款账龄表**　　　　　　　单位：万元

| 账龄 | 期初数 | 比例（%） | 期末 | 比例（%） |
|---|---|---|---|---|
| 1 年以内 | 2715 | 77.8 | 5052 | 70.02 |
| 1～2 年 | 516 | 14.79 | 1706 | 23.64 |
| 2～3 年 | 248 | 7.12 | 416 | 5.76 |
| 3 年以上 | 10 | 0.29 | 41 | 0.58 |
| 合计 | 3489 | 100 | 7215 | 100 |

有关会计政策：

（1）坏账准备原按应收账款余额的 0.5% 计提，现改为按应收账款（包括应收账款和其他应收款余额的 10% 计提）。

（2）期末存货原按成本计价，现改按成本与可变现净值孰低计价。

（3）期末长期股权投资原不计提减值准备，现改为计提减值准备。

要求：

根据以上资料，对该公司的资产负债表进行以下分析：

（1）资产负债表各主要项目变动情况；

（2）资产负债表结构；

（3）资产负债表变动原因。

**延伸阅读**

中国上市公司的假账丑闻可谓前赴后继，连绵不绝。从关联交易到大股东占用资金，从虚报固定资产投资到少提折旧，西方资本市场常见的假账手段几乎全部被"移植"，还产生了不少"有中国特色"的假账技巧。遗憾的是，中国媒体对上市公司假账的报道大部分还停留在表面层次，很少从技术层面揭穿上市公司造假的具体手段。作为普通投资者，要如何最大限度地利用自己掌握的信息，识破某些不法企业的假账阴谋呢？其实，只要具备简单的会计知识和投资经验，通过对上市公司财务报表的分析，许多假账手段都可以被识破，至少可以引起投资者的警惕。我们分析企业的财务报表，既要有各年度的纵向对比，又要有同类公司的横向对比，只有在对比中我们才能发现疑问和漏洞。现在网络很发达，上市公司历年的年度报表、季度报表很容易就能找到，麻烦的是如何确定"同类公司"。"同类公司"除了必须与我们分析的公司有相同的主营业务之外，资产规模、股本结构、历史背景也是越相似越好；对比越多，识破假账的概率就越大。

**一、最大的假账来源："应收账款"与"其他应收款"**

每一家现代工业企业都会有大量的"应收账款"和"其他应收款"，应收账款主要是指货款，而其他应收款是指其他往来款项，这是做假账最方便快捷的途径。为了抬高当年利润，上市公司可以与关联企业或关系企业进行赊账交易（所谓关联企业是指与上市公司有股权关系的企业，如母公司、子公司等；关系企业是指虽然没有股权关系，但关系非常亲密的企业）。顾名思义，既然是赊账交易，就绝不会产生现金流，它只会影响资产负债表和损益表，绝不会体现在现金流量表上。因此，当我们看到上市公司的资产负债表上出现大量"应收账款"，损益表上出现巨额利润增加，但现金流量表却没有出现大量现金净流入时，就应该开始警觉：这家公司是不是在利用赊账交易操纵利润？

赊账交易的生命周期不会很长，一般工业企业回收货款的周期都在1年以下，时间太长的账款会被列入坏账行列，影响公司利润，因此上市公司一般都会在下一个年度把赊账交易解决掉。解决的方法很简单——让关联企业或关系企业把货物退回来，填写一个退货单据，这笔交易就相当于没有发生，上一年度的资产负债表和损益表都要重新修正，但是这对于投资者来说已经太晚了。打个比方，某家汽车公司声称自己在2004年卖出了1万台汽车，赚取了1000万美元利润（当然，资产负债表和损益表会注明是赊账销售），这使得它的股价一路攀升；到了2005年年底，这家汽车公司突然又声称2004年销售的1万辆汽车都被退货了，此前宣布的1000万美元利润都要取消，股价肯定会一落千丈，缺乏警惕的投资者必然损失惨重。在西方，投资者的经验都比较丰富，这种小把戏骗不过市场；但是在中国，不但普通投资者缺乏经验，机构投资者、分析机构和证券媒体都缺乏相应的水平，类似的假账陷阱还真的骗过了不少人。

更严重的违规操作则是虚构应收账款，伪造根本不存在的销售记录，这已经超出了普通的"操纵利润"范畴，是彻头彻尾的造假。当年的"银广夏"和"郑百文"就曾经因为虚构应收账款被处以重罚。在"达尔曼"重大假账事件中，"虚构应收账款"同样扮演了一个重要的角色。

应收账款主要是指货款，而其他应收款是指其他往来款项，可以是委托理财，可以是某种短期借款，也可以是使用某种无形资产的款项等。让我们站在做假账的企业的角度来看问题，"其他应收款"的操纵难度显然比"应收账款"要低，因为"应收账款"毕竟是货款，需要实物，实物销售单据被发现造假的可能性比较大。而其他应收款，在造假方面比较容易，而且估价的随意性比较大，不容易露出马脚。有了银广夏和郑百文虚构销售记录被发现的前车之鉴，后来的造假者倾向于更安全的造假手段；"其他应收款"则来无影去无踪，除非派出专业人士进行详细调查，否则很难抓到确实证据。对于服务业企业来讲，由于销售的不是产品，当然不可能有"应收账款"，如果要做假账，只能在"其他应收款"上做手脚。在中国股市，"其他应收款"居高不下的公司很多，真的被查明做假账的却少之又少。

换一个角度思考，许多公司的高额"其他应收款"不完全是虚构利润的结果，而是大股东占用公司资金的结果。早在 2001 年，中国上市公司就进行了大规模清理欠款的努力，大部分欠款都是大股东挪用资金的结果，而且大部分以"其他应收款"的名义进入会计账目。虽然大股东挪用上市公司资金早已被视为中国股市的顽症，并被监管部门三令五申进行清查，但至今仍没有根治的迹象。在目前中国的公司治理模式下，大股东想挪用企业资金简直是易如反掌，这不是严格意义上的做假账，但肯定是一种违规行为。

二、与"应收账款"相连的"坏账准备金"

与应收账款相对应的关键词是"坏账准备金"，通俗地说，坏账准备金就是假设应收账款中有一定比例无法收回，对方有可能赖账，必须提前把这部分赖账金额扣掉。对于应收账款数额巨大的企业，坏账准备金一个百分点的变化都可能造成净利润的急剧变化。举个例子，波音公司每年销售的客运飞机价值是以十亿美元计算的，这些飞机都是分期付款，只要坏账准备金变化一个百分点，波音公司的净利润就会出现上千万美元的变化，对股价产生戏剧性影响。

理论上讲，上市公司的坏账准备金比例应该根据账龄而变化，账龄越长的账款，遭遇赖账的可能性越大，坏账准备金比例也应该越高；某些时间太长的账款已经失去了偿还的可能，应该予以勾销，承认损失。对于已经肯定无法偿还的账款，比如对方破产，应该尽快予以勾销。遗憾的是，目前仍然有部分上市公司对所有"应收账款"和"其他应收款"按照同一比例计提，完全不考虑账龄的因素，甚至根本不公布账龄结构。在阅读公司财务报表的时候，我们要特别注意它是否公布了应收账款的账龄，是否按照账龄确定坏账准备金，是否及时勾销了因长期拖欠或对方破产而无法偿还的应收账款；如果答案是"否"，我们就应该高度警惕。

从 2002 年开始，中国证监会对各个上市公司进行了财务账目的巡回审查，坏账准备金和折旧费都是审查的重点，结果有大批公司因为违反会计准则、进行暗箱操作，被予以警告或处分，它们的财务报表也被迫修正。但是，正如我在前面提到的，无论证监会处罚多少家违规企业，处罚的力度有多大，如果普通投资者没有维护自己权益的意识，类似的假账事件必然会一再重演，投资者的损失也会难以避免。

三、最大的黑洞——固定资产投资

许多中国上市公司的历史就是不断募集资金进行固定资产投资的历史，它们发行股票是为了固定资产投资，增发配股是为了固定资产投资，不分配利润也是为了省钱进行固定资产投资。在固定资产投资的阴影里，是否隐藏着违规操作的痕迹？

固定资产投资是公司做假账的一个重要切入点，但是这种假账不可能做得太过分。公司可以故意夸大固定资产投资的成本，借机转移资金，使股东蒙受损失；也可以故意低估固定资产投资的成本，或者在财务报表中故意延长固定资产投资周期，减少每一年的成本或费用，借此抬高公司净利润——这些夸大或者低估都是有限的。如果一家公司在固定资产投资上做的手脚太过火，很容易被人看出马脚，因为固定资产是无法移动的，很容易被审查；虽然其市场价格往往很难估算，但其投资成本还是可以估算的。监管部门如果想搞清楚某家上市公司的固定资产投资有没有很大水分，只需要带上一些固定资产评估专家到工地上去看一看，做一个简单的调查，真相就可以大白于天下。事实就是如此简单，但是在中国，仍然有许多虚假的固定资产投资项目没有被揭露，无论是监管部门还是投资者，对此都缺乏足够的警惕性。

如果一个投资者对固定资产投资中的造假现象抱有警惕性，他应该从以下几个角度分析调查：上市公司承诺的固定资产投资项目，有没有在预定时间内完工？比如某家公司在2000年开始建设一家新工厂，承诺在2003年完工，但是在2003年年度报告中又宣布推迟，就很值得怀疑了。而且，项目完工并不意味着发挥效益，许多项目在完工几个月甚至几年后仍然无法发挥效益，或者刚刚发挥效益又因故重新整顿，这就更值得怀疑了。如果董事会在年度报告和季度报告中没有明确的解释，我们完全有理由质疑该公司在搞"钓鱼工程"，或者干脆就是在搞"纸上工程"。

目前，不少上市公司的固定资产投资项目呈现高额化、长期化趋势，承诺投入的资金动辄几亿元甚至几十亿元，项目建设周期动辄三五年甚至七八年，仅仅完成土建封顶的时间就很漫长，更不用说发挥效益了。这样漫长的建设周期，这样缓慢的投资进度，给上市公司提供了做假账的充裕空间，比那些"短平快"的小规模工程拥有更大的回旋余地，监管部门清查的难度也更大。即使真的调查清楚，往往也要等到工程接近完工的时候，那时投资者的损失已经很难挽回了。

### 四、债务偿还能力

衡量一家公司的债务偿还能力，主要有两个标准：一是流动比例，即用该公司的流动资产比上流动负债；二是速动比例，即用该公司的速动资产（主要是现金和有价证券、应收账款、其他应收款等很容易变现的资产）比上流动负债。一般认为工业企业的流动比例应该大于2，速动比例应该大于1，否则资金周转就可能出现问题。但是不同行业的标准也不一样，不可以一概而论。目前各种股票分析软件和各大证券网站都有专门的财务比例栏目，除了流动比例和速动比例之外，一般还包括资金周转率、存货周转率等，这些数据对于分析企业前景都有重要作用。

流动比例和速动比例与现金流量表有很密切的关系，尤其是速动比例的上升往往伴随着现金净流入，速动比例的下降则伴随着现金净流出，因为现金是最重要的速动资产。但是，某些企业在现金缺乏的情况下，仍然能保持比较高的速动比例，因为它们的速动资产大部分是应收账款和其他应收款，这种速动资产质量是很低的。在这种情况下，有必要考察该企业的现金与流动负债的比例，如果现金比例太少是很危险的。许多上市公司正是通过操纵应收账款和其他应收款，一方面抬高利润，另一方面维持债务偿还能力的假象，从银行手中源源不断地骗得新的贷款。作为普通投资者，应该时刻记住：只有冰冷的现金才是最真实的，如果现金的情况不好，其他的情况再好也难以令人信任。

如果一家企业的流动比例和速动比例良好，现金又很充裕，我们是否就能完全信任它？答案是否定的。现金固然是真实的，但也要看看现金的来历——是经营活动产生的现金，投资活动产生的现金，还是筹资活动产生的现金？经营活动产生的现金预示着企业的长期经营能力，投资活动产生的现金反映着企业管理层的投资眼光，筹资活动产生的现金只能说明企业从外部筹集资金的能力，如贷款、增发股票等。刚刚上市或配股的公司一般都有充裕的现金，这并不能说明它是一家好公司。恰恰相反，以造假和配股为中心的"中国股市圈钱模式"可以用以下公式概括：操纵利润—抬高股价—增发配股—圈得现金—提高信用等级—申请更多银行贷款—继续操纵利润，这个模式可以一直循环下去，直到没有足够的钱可圈为止。操纵利润既是为了从股民手中圈钱，又是为了从银行手中圈钱。从股民手中圈来的钱一部分可以转移出去，一部分用来维持债务偿还能力，以便下一步圈到更多的钱。这种圈钱模式只能发生在中国这样一个非常不规范的资本市场，但这个不规范的资本市场正处于半死不活的状态，圈到的资金越来越少，即使没有任何人发现马脚，这种模式仍然不免会有自行崩溃的结局。在中国股市，做着类似勾当的公司大有人在，只是程度不同而已，许多公司至今仍然逍遥法外，等待着某一天市场回暖，继续造假圈钱的大业。

### 五、对上市公司假账手段的总结

每当中国股市发生重大丑闻，每当天真的股民被上市公司欺骗，股民们总是会在网上写下"血泪追问"——"为什么某些上市公司明火执仗做大盗无人阻挡？为什么它们居然能够长期逍遥法外，骗走无数金钱？"回答是："所有的人都应该负责。政府和监管部门固然应该为我们创造良好的投资条件，但是最重要的是投资者应该为自己的投资负责，事实已经证明中国普通投资者是最大的瞎子。"事实上，大部分中国上市公司做假账的手段都并不高明，不仅专业分析人士能够识破，普通投资者也理应察觉。遗憾的是，中国股市的大多数投资者至今不知道阅读财务报表，连专业分析机构也经常闹出常识性的笑话，这样一个资本市场只有用"幼稚"二字可以形容。

有人认为，中国资本市场出现的一切问题都是制度问题，只要把制度定好了，与西方"接轨"了，天下就太平了，股市丑闻就再也不会出现了。最近几年来，中国在金融、证券和公司治理上学习西方制度的努力不能说不大，但是造假违规现象还是层出不穷，资本市场一直停留在崩溃边缘。我们究竟是缺乏优秀的制度，还是缺乏执行制度的优秀的人？

是的，中国资本市场的制度存在许多非常严重的问题，但是制度问题不是一切，相比之下，还是人的问题更严重。我们不仅要提高资本市场从业人员整体素质，更要提高投资者整体素质，努力使这个幼稚的市场变得更加成熟。这样，重大违规操作才能够被扼杀在萌芽中，投资者的财产才能够有保证。

# 项目三 利润表的分析

## 学习目标

1. 知识目标
- 掌握利润表的概念和内容
- 了解对利润表进行分析的主要内容
- 了解利润表中企业良好财务状况应具有的特征
- 掌握利润表的重点分析方法

2. 技能目标
- 能看懂企业的利润表
- 学会分析、评价企业的偿债能力、赢利能力
- 通过利润表分析，能具备识别企业健康状况的能力

 案例导入

在海外人士看来，中国的公司在企业兼并方面的胃口越来越大，中国这条巨龙似乎突然之间变得既富有又强大。在中石油出价185亿美元竞购美国的加州联合石油公司后，这一观点变得更加不可动摇。但深入了解中国的内部情况后就会发现，中国的情况没有那么乐观。中国越来越多的经济学家相信，这类大张旗鼓的海外收购与其说是宣扬中国实力的需要，倒不如说是有助于应对一个迫在眉睫的难题：中国企业的赢利能力正在日渐下降。事实上，中国企业正是因为在国内市场的赢利能力不足以及其他经济原因，才奔赴海外寻求收购机会的。

里昂证券（亚洲）驻香港的首席经济学家吉姆·沃克尔说："中国正在耗尽利润，赢利能力的消失将导致下一次经济低迷。"在他看来，中国企业一方面面临着投入成本和员工工资的不断上升，另一方面又害怕失去市场份额和客户，而不愿意上调售价，这种两头受堵的窘境使中国企业备受煎熬。里昂证券（亚洲）通过调查发现，2005年4月，近一半的中国企业报告说投入成本正在不断上涨，但却只有18％的企业计划提高售价。截至2004年年底，在国内股市上市的23类企业中有14类宣布利润下降。与此同时，制造业的产能却在继续迅速增大，2004年年底，中国已经拥有年产轿车600万辆的能力，而中国市场的轿车年需求量只有300万辆。

（资料来源：美国《华尔街日报》，2005年6月27日）

**请思考：**

1. 利润表的利润有哪些类型？

2. 影响利润的因素主要有哪些?

# 任务一　认识利润表

## 一、利润表概述

利润表（Income Statement）主要提供有关企业经营成果方面的信息。利润表是反映企业在一定会计期间经营成果的报表。例如，反映 1 月 1 日至 12 月 31 日经营成果的利润表，由于它反映的是某一期间的情况，所以又称为动态报表。有时，利润表也称为损益表、收益表。

> **小贴士**：利润表又称为损益表、收益表。由于大部分国家和地区都没有单独的利润表准则，我国在起草利润表准则时，既借鉴了国际惯例又考虑了中国国情，才制定了现在统一的利润表准则。

通过利润表，可以反映企业一定会计期间的收入实现情况，即实现的主营业务收入、其他业务收入、投资收益、营业外收入等；可以反映一定会计期间的费用耗费情况，即耗费的主营业务成本、主营业务税金、营业费用、管理费用、财务费用、营业外支出等；可以反映企业生产经营活动的成果，即净利润的实现情况，据以判断资本保值、增值情况。将利润表中的信息与资产负债表中的信息相结合，还可以提供进行财务分析的基本资料，如将赊销收入净额与应收账款平均余额进行比较，计算出应收账款周转率；将销货成本与存货平均余额进行比较，计算出存货周转率；将净利润与资产总额进行比较，计算出资产收益率等，可以表现企业资金周转情况以及企业的赢利能力和水平。

## 二、利润表格式

利润表一般有表首、正表两部分。其中表首说明报表名称编制单位、编制日期、计量单位等；正表是利润表的主体，反映形成经营成果的各个项目和计算过程，所以，曾经将这张表称为损益计算书。

利润表正表的格式一份有两种：单步式利润表和多步式利润表。单步式利润表是将当期所有的收入列在一起，然后将所有的费用列在一起，两者相减得出当期净损益。多步式利润表是通过对当期的收入、费用、支出项目按性质加以归类，按利润形成的主要环节列示一些中间性利润指标，如主营业务利润、营业利润、利润总额、净利润，分步计算当期净损益。我国现行《企业会计准则》要求企业利润表编制采取多步式，每个项目通常又分为"本月数"和"本年累计数"两栏分别用列。"本月数"栏反映各项目的本月实际发生数；在编报中期财务会计报告时，填列上年同期累计实际发生数；在编报年度财务会计报告时，填列上年全年累计实际发生数。利润表格式如表 3-1 所示。

表 3-1 利润表

编制单位：　　　　　　　　　　年　月　　　　　　　　　　　　　单位：

| 项目 | 行次 | 上年同期累计 | 本月数 | 本年累计数 |
|---|---|---|---|---|
| 一、营业收入 | 1 | | | |
| 减：营业成本 | 2 | | | |
| 营业税金及附加 | 3 | | | |
| 销售费用 | 4 | | | |
| 管理费用 | 5 | | | |
| 财务费用 | 6 | | | |
| 资产减值损失 | 7 | | | |
| 加：公允价值变动收益（损失以负号填列） | 8 | | | |
| 投资收益（损失以负号填列） | 9 | | | |
| 其中：对联营企业和合营企业的投资收益 | 10 | | | |
| 二、营业利润（亏损以负号填列） | 11 | | | |
| 加：营业外收入 | 12 | | | |
| 减：营业外成本 | 13 | | | |
| 其中：非流动资产处置损失 | 14 | | | |
| 三、利润总额（亏损以负号填列） | 15 | | | |
| 减：所得税费用 | 16 | | | |
| 四、净利润（亏损以负号填列） | 17 | | | |
| 五、每股收益 | 18 | | | |
| （一）基本每股收益 | 19 | | | |
| （二）稀释每股收益 | 20 | | | |

## 三、利润表的主要作用

### （一）可以解释、评价和预测企业的经营成果和获利能力

经营成果通常指以营业收入、其他收入抵扣成本、费用、税金等的差额所表示的收益信息。经营成果是一个绝对值指标，可以反映企业财富增长的规模。获利能力是一个相对值指标，它指企业运用一定经济资源（如人力、物力）获取经营成果的能力，这里，经济资源可以因报表用户的不同需要而有所区别，可以是资产总额、净资产，可以是资产的耗费（成本或费用），还可以是投入的人力（如职工人数）。因而衡量获利能力的指标包括资产收益率、净资产（税后）收益率、成本收益率以及人均实现收益等指标。经营成果的信息直接由利润表反映，而获利能力的信息除利润表外，还要借助于其他会计报表和注释附表才能得到。

通过比较和分析同一企业在不同时期，或不同企业在同一时期的资产收益率、成本收益率等指标，能够揭示企业利用经济资源的效率；通过比较和分析收益信息，可以了解某一企业收益增长的规模和趋势。根据利润表所提供的经营成果信息，股东、债权人和管理部门可解释、评价和预测企业的获利能力，据以对是否投资或追加投资、投向何处、投资多少等做出决策。

（二）可以解释、评价和预测企业的偿债能力

偿债能力指企业以资产清偿债务的能力。利润表本身并不提供偿债能力的信息，然而企业的偿债能力不仅取决于资产的流动性和资本结构，也取决于获利能力。企业在个别年份获利能力不足，不一定影响偿债能力，但若一家企业长期丧失获利能力，则资产的流动性必然由好转坏，资本结构也将逐渐由优变劣，陷入资不抵债的困境。因而一家数年收益很少，获利能力不强甚至亏损的企业，通常其偿债能力不会很强。

债权人和管理部门通过分析和比较收益表的有关信息，可以间接地解释、评价和预测企业的偿债能力，尤其是长期偿债能力，并揭示偿债能力的变化趋势，进而做出各种信贷决策和改进企业管理工作的决策，如维持、扩大或收缩现有信贷规模，应提出何种信贷条件等。管理部门则可据以找出偿债能力不强之原因，努力提高企业的偿债能力，改善企业的公关形象。

（三）企业管理人员可据以做出经营决策

比较和分析收益表中各种构成要素，可知悉各项收入、成本、费用与收益之间的消长趋势，发现各方面工作中存在的问题，揭露缺点，找出差距，改善经营管理，努力增收节支，杜绝损失的发生，做出合理的经营决策。

（四）可据以评价和考核管理人员的绩效

比较前后期各期利润表上各项收入、费用、成本及收益的增减变动情况，并考察其增减变动的原因，可以较为客观地评价各职能部门、各生产经营单位的绩效，以及这些部门和人员的绩效与整个企业经营成果的关系，以便评判各部门管理人员的功过得失，及时做出采购、生产销售、筹资和人事等方面的调整，使各项活动趋于合理。

利润表作用的发挥，与利润表所列示信息的质量直接相关。利润表信息的质量则取决于企业在收入确认、费用确认以及其他利润表的项目确定时所采用的方法。由于会计程序和方法的可选择性，企业可能会选用对其有利的程序和方法，从而导致收益偏高或偏低。例如，在折旧费用、坏账损失和已售商品成本等方面都可按多种会计方法计算，产生多种选择，影响会计信息的可比性和可靠性。另外，利润表中的信息表述的是各类业务收入、费用、成本等的合计数以及非重复发生的非常项目，这也会削弱利润表的重要作用。

# 任务二　分析利润表

## 一、利润表的解读

在分析企业的赢利状况和经营成果时，必须要从利润表中获取财务资料，而且，即使分析企业偿债能力，也应结合利润表，因为一个企业的偿债能力同其获利能力密切相关。利润

表反映了公司在一定时期内的经营成果，解释了公司财务状况发生变动的主要原因。分析利润表，可直接了解公司的赢利状况和获利能力，并通过收入、成本费用的分析，较为具体地把握公司获利能力高低的原因，有助于分析公司管理收费的合理性及其使用效益。

解读利润表时主要是对利润表的收入、费用和利润相关项目的总量及其构成情况进行解读。

（一）收入类项目的解读

利润表的收入项目内容广泛，是企业各种收入的总和。企业收入的来源有营业收入、公允价值变动收益、投资收益、营业外收入等。在利润表上，各项目是按照其对企业的重要性程度进行分类和排序的。

解读利润表的收入类项目时，可结合企业收入项目的会计账簿记录，对收入类项目做出更客观全面的评价。

1. 营业收入构成分析

一般来说，一个企业的收入来源最稳定的应是主营业务收入。如果一个企业的主营业务收入逐年下降，而营业收入却在上升，可能有两种情况：一是该公司可能在经营战略和经营方式上正在进行转型或调整；二是企业可能正处于衰退阶段，营业收入上升的持久性不强。

2. 营业收入地区分布分析

如果企业为不同地区提供产品或劳务，那么企业在不同地区的商品或劳务的营业收入构成及变动情况对预测和分析企业的利润具有重要价值。占综合收入比重大的地区是企业过去或目前业绩的主要驱动力量，可以根据各地区的收入变化情况，结合不同地区消费者对不同品牌商品的偏好，来预测企业利润的发展趋势。

3. 营业收入客户构成分析

在企业产品的消费群体中，不同消费者的需求是不一样的。通过营业收入的客户构成分析，可以明确主要客户，以便在客户关系维持上做到有的放矢，以较低成本获得较高收益。

4. 营业外收入分析

一般来说，企业的营业外收入的稳定性较差，投资者不能根据这部分收益来预测企业未来的收益情况。在对企业的财务状况进行分析时，应排除营业外收入的影响。此外，营业外收入占总收入的比重不应过高，如果出现比重过高，甚至超过了企业正常的营业收入，说明企业的赢利结构出现了问题，赢利的质量也值得怀疑。

5. 公允价值变动收益分析

现阶段我国对某些资产的公允价值的准确评估还存在一定困难，因此，在分析这部分收益时，应保持谨慎态度，注意观察本期的变动额对利润总额的影响，判断企业是否存在操纵利润的动机和行为。

6. 投资收益分析

对于一般企业来说，营业收入往往占收入总额的比重最大。但是，越来越多的现代企业经营的重心从产品生产和销售转移到了对外投资上，这样，企业的收入中投资收益所占的比重越来越大。从目前的市场情况来看，投资收益的稳定性还是比较差的，存在较高的风险。因此，在分析企业的财务状况时，要充分考虑投资收益不确定性的特点，做出冷静

和谨慎的判断。

(二) 费用类项目的解读

1. 营业成本分析

在不同类型的企业中，营业成本的表现形式不同。在工业企业中，营业成本表现在已销售产品的生产成本；在流通企业中，营业成本表现为已销商品成本。对企业营业成本的质量进行分析时要注意影响营业成本水平的各个因素。例如企业的供货渠道、决定订货批量、受行业影响程度、同业竞争情况等。注意分析成本与相关收入是否配比。根据收入与费用配比原则，可以将不同的成本项目与其对应的收入进行比较，来分析每一项目的利润及其变动情况，观察和发现企业在各个环节和部门成本管理中存在的问题。

2. 营业税金及附加分析

营业税金及附加主要包括营业税、消费税、城市维护建设税、资源税、土地增值税和教育费附加等相关的税费。营业税金及附加虽然不构成产品的生产成本，但却是企业为了取得营业收入必须发生的一项费用支出。在分析时，应注意其计算的准确性和缴纳的及时性。

3. 销售费用分析

销售费用的产生，或与企业的业务活动规模有关；或与企业未来发展、开拓市场、扩大品牌知名度有关；或与企业从事销售活动人员的待遇有关。对于管理层来说，上述活动有些是可控的，如销售人员的待遇；有些是不可控的，如保险费。企业管理层若想通过降低销售人员待遇或削减广告费来降低销售费用，在做出这一决定时一定要谨慎。因为这一决定可能对企业的长远发展造成不利影响。企业不应片面追求销售费用的减低，而是要结合有效的管理方法，进行合理控制。

另外，销售费用与销售收入有密切关系。一般来说，企业的销售收入增加，销售费用也会相应增加；如果销售收入不变，而销售费用大幅增加，则可能企业产品销售出现了困难。

4. 管理费用分析

对管理费用进行分析时要注意以下几个方面：关注业务招待费项目是否超支；关注董事会会费、上级管理费等项目开支是否合理，是否存在人为操纵利润现象；关注管理人员工资，保存在合理水平，防止挫败其工作积极性，影响企业发展；在企业正常发展的情况下，管理费用是否有大幅度变化。

5. 财务费用分析

一般而言，企业经营期间发生的利息支出构成其财务费用的主体。企业贷款利息水平的高低主要取决于以下两个因素：第一，贷款规模。如果因为贷款规模的原因导致记入利润表的财务费用下降，企业虽然降低了财务风险，但是不能充分获得负债经营的财务杠杆利益，会限制企业的发展。第二，贷款利息率和贷款期限。贷款利息中既有企业不可控的因素，也有企业可以选择的因素。在不考虑贷款规模和贷款期限的条件下，企业的利息费用将随着贷款利率水平的波动而波动。因此在对财务费用进行分析时，要排除因贷款利率的变动导致的对财务费用的客观影响。

6. 所得税费用分析

所得税费用分析的关键在于确定资产、负债的计税基础，资产负债的计税基础一经确定，即可计算暂时性差异，并在此基础上确认递延所得税资产、递延所得税负债以及递延所得税费用。重点关注资产减值损失、公允价值变动损失、投资损失以及营业外支出对所得税的影响。

（三）利润类项目的解读

利润是企业在一定时期的经营成果。根据其计算步骤，可以分为营业利润、利润总额和净利润。

1. 营业利润的分析

企业营业利润的多少代表了企业的整体管理水平和效果。通常，营业利润越大的企业，效益越好。分析时应注意营业利润中的主营业务利润和其他业务利润的比重。如果一个企业多元化经营，多种经营业务开展得较好时，其他业务利润会弥补主营业务利润低的缺陷；如果一个企业的其他业务利润长期高于主营业务利润，企业应适当考虑调整产业结构问题。当一个企业的营业利润较低时，应着重分析主营业务利润的大小、多种经营的发展情况和期间费用的多少。如果是企业期间费用较高导致的营业利润偏低，就要分析期间费用的构成及其形成原因，寻求降低期间费用的途径，提供营业利润。

2. 利润总额和净利润的分析

正常情况下，企业的非经营利润都比较少，所得税也相对稳定，因此，只要营业利润较大，利润总额和净利润也会较高。如果一个企业的利润总额和净利润主要是非营业利润获得，则该企业利润实现的真实性和持续性应引起报表分析者的重视。

（四）利润表附注的解读

财务报表附注是财务报表的重要组成部分，利润表附注重点项目分析如下。

1. 营业收入分析

企业的营业收入包括企业主营业务和其他业务所确认的收入总额。在分析营业收入时应注意：有些企业常常违反会计准则的规定，利用收入确认的"时间差"来调节利润。采用的方法有：提前确认收入、推迟确认费用或者不以实际收入的发生为依据，而是以签订购销合同确认收入等，由此来操纵利润。

2. 营业外收入分析

营业外收入是与企业生产活动没有直接关系的各项收入。它不是由企业经营资金耗费所生产的，不需要企业付出代价，实际上是一种纯收入，不可能也不需要与有关费用进行配比。在分析时，如果营业外收入占利润总额的比重较大，说明企业赢利水平较差，经营前景不容乐观。

3. 管理费用分析

一般来说，企业的管理费用是期间费用中数额最大、项目最多、分析起来最复杂的支出项目，也是容易产生虚假会计信息的项目。在分析时，要特别关注附表中列示的项目数量及金额变动。要将管理费用的变动与企业当期经营方针的变化、产品结构与营销策略的调整等结合起来，分析其支出的合理性和有效性。

## 二、利润表的主要分析指标

（一）偿债能力分析

偿债能力是指公司偿还到期债务（包括本息）的能力。与利润表相关的反映偿债能力

的指标是利息保障倍数。

利息保障倍数又称已获利息倍数（或者叫作企业利息支付能力比较容易理解），是指企业生产经营所获得的息税前利润与利息费用的比率。它是衡量企业支付负债利息能力的指标（用以衡量偿付借款利息的能力）。企业生产经营所获得的息税前利润与利息费用相比，倍数越大，说明企业支付利息费用的能力越强。因此，债权人要分析利息保障倍数指标，以此来衡量债权的安全程度。

$$利息保障倍数 = \frac{息税前利润}{利息费用} = \frac{净利润 + 利息费用 + 所得税费用}{利息费用}$$

利息费用是指实际支出的借款利息、债券利息等。其既包括记入财务费用的利息，也包括固定资产中的资本化利息。因为资本化利息虽然不在利润表中扣除，但仍然要偿还。

利息保障倍数指标反映企业经营收益是所需支付的债务利息的多少倍。只要利息保障倍数足够大，企业就有充足的能力支付利息，反之相反。

【例 3-1】 ABC 企业 2013 年度利润表如表 3-2 所示。

表 3-2                                    利润表

编制单位：ABC 公司          2013 年 12 月 31 日                          单位：元

| 项目 | 行次 | 本年累计数 |
|---|---|---|
| 一、营业收入 | 1 | 1022000 |
| 减：营业成本 | 2 | 560000 |
| 营业税金及附加 | 3 | 92300 |
| 销售费用 | 4 | 49000 |
| 管理费用 | 5 | 57600 |
| 财务费用 | 6 | 22000 |
| 资产减值损失 | 7 | |
| 加：公允价值变动收益（损失以负号填列） | 8 | |
| 投资收益（损失以负号填列） | 9 | 70300 |
| 其中：对联营企业和合营企业的投资收益 | 10 | |
| 二、营业利润（亏损以负号填列） | 11 | 311400 |
| 加：营业外收入 | 12 | 500 |
| 减：营业外支出 | 13 | 1700 |
| 其中：非流动资产处置损失 | 14 | |
| 三、利润总额（亏损以负号填列） | 15 | 310200 |
| 减：所得税费用 | 16 | 110000 |
| 四、净利润（亏损以负号填列） | 17 | 200200 |

其中：假如财务费用全部为利息费用，该企业的利息保障倍数为：

$$利息保障倍数 = \frac{息税前利润}{利息费用} = \frac{310200 + 22000}{22000} = 15.1$$

说明该企业支付债务利息的能力很强，偿债能力强。

利息保障倍数的重点是衡量企业支付利息的能力，没有足够大的息税前利润，利息的支付就会发生困难。利息保障倍数不仅反映了企业获利能力的大小，而且反映了获利能力对偿还到期债务的保证程度，它既是企业举债经营的前提依据，也是衡量企业长期偿债能力大小的重要标志。要维持正常偿债能力，利息保障倍数的国际标准值为 3，下限为 1，其比值越高，企业长期偿债能力越强。如果利息保障倍数过低，企业将面临亏损、偿债的安全性与稳定性下降的风险，若长此以往，甚至会导致企业破产倒闭。

一般来说，为了考察企业偿付利息能力的稳定性，一般应计算 5 年或 5 年以上的利息保障倍数。保守起见，应选择 5 年中最低的利息保障倍数值作为基本的利息偿付能力指标。

关于该指标的计算，须注意以下几点：

（1）根据利润表对企业偿还债务的能力进行分析，作为利息支付保障的"分子"，只应该包括经常收益。

（2）特别项目（如火灾损失等）、停止经营、会计方针变更的累计影响。

（3）利息费用不仅包括作为当期费用反映的利息费用，还应包括资本化的利息费用。

（4）未收到现金红利的权益收益，可考虑予以扣除。

（5）当存在股权少于 100% 但需要合并的子公司时，少数股权收益不应扣除。

（二）赢利能力分析

赢利能力是指企业一定时期内运用各种资源获得利润的能力，获取利润是企业经营的最终目标，也是企业能否生存与发展的前提。赢利能力的大小直接关系到企业财务管理目标的实现，直接关系到投资者的利益，也关系到债权人以及企业经营者的切身利益。

与利润表相关的评价企业赢利能力的指标主要有销售毛利率、销售净利率、销售增长率等。

1. 销售毛利率

销售毛利是指企业销售收入扣除销售成本之后的差额，它在一定程度上反映企业生产环节的效率高低。销售毛利率是销售毛利占销售净值的百分比，通常称为毛利率。通常，分析者主要应考察企业主营业务的销售毛利率。

$$销售毛利率 = \frac{销售毛利}{销售收入} \times 100\%$$

销售毛利率可以理解为每 1 元销售收入扣除销售成本后，有多少钱可以用于各项期间费用和形成赢利。

【例 3-2】　同例 3-1 相关数据。

$$销售毛利率 = \frac{销售毛利}{销售收入} \times 100\% = \frac{1022000 - 560000}{1022000} \times 100\% = 45.21\%$$

该企业产品销售的初始获利能力很强，有足够的赢利空间。

销售毛利率是公司的重要经营指标，能反映公司产品的竞争力和获利潜力。它反映了企业产品销售的初始获利能力，是企业净利润的起点，没有足够高的毛利率便不能形成较大的赢利。与同行业比较，如果公司的毛利率显著高于同业水平，说明公司产品附加值高，产品定价高，或与同行比较公司存在成本上的优势，有竞争力。与历史比较，如果公司的毛利率显著提高，则可能是公司所在行业处于复苏时期，产品价格大幅上升。在这种情况下，投资者可以进一步分析这种价格的上升是否能持续，公司将来的赢利能力是否有保证。相反，如果公司毛利率显著降低，则可能是公司所在行业竞争激烈，毛利率下降往往伴随着价格战的爆发或成本的失控，这种情况预示产品赢利能力的下降。

销售毛利率也能帮助分析者发现企业是否隐瞒销售收入或虚报销售成本。有些单位逃税避税经常用的手法是隐瞒销售收入或者通过虚报进货额虚增销售成本。一般，除非有计划地同时隐瞒销售收入和销售成本，否则少报利润的结果将反映为销售毛利的异常。同理，根据计算公司毛利率指标，观察其波动是否在正常范围内，可以推测公司是否有通过虚报销售收入和隐瞒销售成本来虚增利润之嫌。当然，这只是引起销售毛利率异常的原因之一，在分析时应考虑影响毛利率变动的其他因素，比如市场环境的变化、企业经营品种的变化、市场地理环境的变化等。

利用销售毛利率进行分析时也要考虑两点：第一，企业产品销售的定价策略。有时候企业为了增加产品的市场份额，会采取薄利多销政策，从而使企业销售毛利率偏低。第二。考虑企业的行业特点。一般来说，营业周期短、固定资产费用低的行业毛利率会比较低，如商品零售行业；而营业周期长、固定费用高的行业则必须有较高的毛利率，以弥补其巨额的固定成本，如制造业。

2. 销售净利率

销售净利率是指企业实现净利润与销售收入的对比关系，用以衡量企业在一定时期的销售收入获取的能力。其计算公式为：

$$销售净利率 = \frac{净利润}{销售收入} \times 100\%$$

该指标反映每1元销售收入带来的净利润的多少，表示销售收入的收益水平。它与净利润成正比关系，与销售收入成反比关系，企业在增加销售收入额的同时，必须相应地获得更多的净利润，才能使销售净利率保持不变或有所提高。该指标数值越高越好，数值越高表明企业赢利能力越强。

【例3-3】 同例3-1相关数据。

$$销售净利率 = \frac{净利润}{销售收入} \times 100\% = \frac{200200}{1022000} \times 100\% = 19.59\%$$

该指标说明企业每销售1元可以带来0.19元的净利润，企业的获利能力还是很强的。

通过分析销售净利率的升降变动，可以促使企业在扩大销售的同时，注意改进经营管理，提高赢利水平。因为经营中往往可以发现，企业在扩大销售的同时，由于销售费用、财务费用、管理费用的大幅增加，企业净利润并不一定会同比例地增长，甚至会有一定负增长。盲目扩大生产和销售规模未必会为企业带来正的收益。因此，分析者应关注在企业每增加1元销售收入的同时净利润的增减程度，以此来考察销售收入增长的效益。

**3. 销售增长率**

销售增长率是指企业本年销售增长额与上年销售额之间的比率，反映销售的增减变动情况，是评价企业成长状况和发展能力的重要指标。

$$销售增长率 = \frac{本年销售增长额}{上年销售额} \times 100\%$$

$$= \frac{本年销售额 - 上年销售额}{上年销售额} \times 100\%$$

$$= \frac{本年销售额}{上年销售额} \times 100\% - 1$$

销售增长率是衡量企业经营状况和市场占有能力、预测企业经营业务拓展趋势的重要指标，也是企业扩张增量资本和存量资本的重要前提。该指标越大，表明其增长速度越快，企业市场前景越好。

销售增长率常被用来判定、预测企业商品处于寿命周期的哪个阶段。一般来说，销售增长率小于 10% 且不稳定，为商品的导入期；大于 10%，为商品的成长期；在 1%～10%，为成熟期；若为小于 0，则商品处于衰退期。

**4. 资产收益率**

资产收益率，又称资产回报率或资产报酬率，是用来衡量每单位资产创造多少净利润的指标。

$$资产收益率 = \frac{净利润}{资产平均总额} \times 100\%$$

资产收益率是业界应用最为广泛的衡量企业赢利能力的指标之一，该指标越高，表明企业资产利用效果越好，说明企业在增加收入和节约资金使用的能力强。

**【例 3-4】** 同例 2-7 和例 3-1 相关数据。

$$企业的资产收益率 = \frac{净利润}{资产平均总额} \times 100\%$$

$$= \frac{200200}{(294470 + 401170)/2} \times 100\%$$

$$= 57.56\%$$

该指标说明企业的全部资产的获利能力很强。

**5. 净资产收益率**

净资产收益率又称股东权益收益率，是净利润与平均股东权益的百分比，是企业税后利润除以净资产得到的百分比率，该指标反映股东权益的收益水平，用以衡量企业运用自有资本的效率。指标值越高，说明投资带来的收益越高。

$$净资产收益率 = \frac{净利润}{所有者权益平均总额} \times 100\%$$

**【例 3-5】** 同例 2-7 和例 3-1 相关数据。

$$净资产收益率 = \frac{净利润}{所有者权益平均总额} \times 100\%$$

$$= \frac{200200}{(149470 + 240670)/2} \times 100\%$$

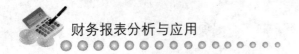

$$=102.63\%$$

该指标说明企业的所有者权益的获利能力是102.63%，获利能力很强。

净资产收益率可以转换为：

$$净资产收益率=\frac{净利润}{所有者权益平均总额}\times100\%$$

$$=\frac{净利润}{销售收入}\times\frac{销售收入}{资产平均总额}\times\frac{资产平均总额}{所有者权益平均总额}\times100\%$$

$$=销售净利率\times资产周转率\times权益乘数$$

转换后的公式又称为杜邦分析体系，因这个公式最初由美国杜邦公司成功应用，所以得名。杜邦分析法有助于企业管理层更加清晰地看到权益资本收益率的决定因素，以及销售净利润率与总资产周转率、债务比率之间的相互关联关系，给管理层提供了一张明晰的考察公司资产管理效率和是否最大化股东投资回报的路线图，具体分析在项目五财务报表的综合分析中有详细介绍。

表3-3 利润表财务分析指标小结

| 序号 | 分析指标 | | 计算公式 | 分析与评价 |
|---|---|---|---|---|
| 1 | 偿债能力分析 | 利息保障倍数 | 息税前利润/利息费用 | 本指标用以衡量偿付借款利息的能力。其国际标准值为3，下限为1，其比值越高，企业长期偿债能力越强 |
| 2 | 赢利能力分析 | 销售毛利率 | 销售毛利/销售收入×100% | 本指标反映公司产品的竞争力、获利潜力和企业产品销售的初始获利能力，是企业净利润的起点，没有足够高的毛利率便不能形成较大的赢利 |
| 3 | | 销售净利率 | 净利润/销售收入×100% | 本指标数值越高越好，数值越高表明企业赢利能力越强 |
| 4 | | 销售增长率 | 本年销售增长额/上年销售额×100% | 一般来说，销售增长率小于10%且不稳定，为商品的导入期；大于10%，为商品的成长期；在1%~10%，为成熟期；若为小于0，则商品处于衰退期 |
| 5 | | 总资产净利率 | 净利润/资产平均总额×100% | 本指标越高表明企业资产利用效果越好，说明企业增加收入和节约资金使用的能力强 |
| 6 | | 净资产收益率 | 净利润/所有者权益平均总额×100% | 本指标反映股东权益的收益水平，用以衡量企业运用自有资本的效率。指标值越高，说明投资带来的收益越高 |

## 重要名词中英文对照

| 利润表 | Income statement |
|---|---|
| 利润总额 | Total profits |
| 净利润 | Net profit |
| 净收益 | Net income |
| 利息保障倍数 | Time interest earned ratio |
| 销售净利率 | Net profit margin on sales/Net profit margin |
| 资产收益率 | Return on assets，ROA |
| 净资产收益率 | Rate of return on common stockholders' equity，ROE |
| 杜邦分析法 | DuPont identity；DuPont analysis |

## 实训项目

项目一

【训练目的】掌握利润表分析应具备的基本知识。

【训练要求】以下各题只有一个正确选项，请将正确的选项填在括号内。

1. 企业当年实现销售收入 3800 万元，净利润 480 万元，资产周转率为 3，则总资产净利率为（  ）。

A. 4.21%              B. 12.63%

C. 25.26%             D. 37.89%

2. 提高企业营业利润的方式可以通过（  ）。

A. 增加营业外收入              B. 降低营业外支出

C. 降低所得税                  D. 增加销售收入

3. 关于利润表质量分析下列表述错误的是（  ）。

A. 企业利润主要来自未来可持续性较强的经济业务时，利润的质量才比较高

B. 没有现金支撑的利润质量较差

C. 某工业企业利润主要来自投资收益，说明该企业利润质量较高

D. 某商业企业利润主要来自营业收入，说明该企业利润质量较高

4. 某企业营业利润为 100 万元，营业外支出净额为 20 万元，利息费用为 10 万元，当年的资产负债率为 50%，总资产平均余额为 2000 万元，负债由短期负债和长期负债构成，其中长期负债占 80%，则该企业的长期资金收益率为（  ）。

A. 5.56%              B. 6%

C. 6.67%              D. 7.22%

5. 某企业的资产收益率为 15%，全部资产为 100 万元，其中负债为 60 万，利率为 10%，所得税税率为 25%，则该企业的利息保障倍数为（  ）。

A. 3.75              B. 3.5

C. 2.25              D. 4.33

6. 某公司 2008 年销售净利率为 10%，总资产周转率为 1.5，平均资产负债率为 40%，则该公司 2008 年的净资产收益率为（　　）。

A. 17.58%

B. 6%

C. 10%

D. 25%

7. 某股份有限公司资产负债率当年为 40%，平均资产总额为 2000 万元，利润总额为 300 万元，所得税为 87 万元，则该企业当年的净资产收益率为（　　）。

A. 13.4%

B. 14.67%

C. 17.75%

D. 22%

8. 在各种产品的利润率不变的情况下，提高利润率低的产品在全部产品中所占的比重，则全部产品的平均利润率（　　）。

A. 提高

B. 降低

C. 不变

D. 无法确定

9. 利用利润表分析企业的长期偿债能力时，需要用到的财务指标是（　　）。

A. 产权比率

B. 有形净值债务率

C. 利息偿付倍数

D. 资产负债率

10. M 公司 2008 年利润总额为 4500 万元，利息费用为 1500 万元，该公司 2008 年的利息偿付倍数是（　　）。

A. 2

B. 3

C. 4

D. 5

项目二

【训练目的】掌握利润表分析应具备的基本知识。

【训练要求】以下各题有多个正确选项，请将正确的选项填在括号内。

1. 与息税前利润相关的因素包括（　　）。

A. 利息费用

B. 所得税

C. 营业费用

D. 净利润

E. 投资收益

2. 可以提高产品销售收入的途径有（　　）。

A. 扩大销售数量

B. 改善品种结构

C. 适当提高单位售价

D. 降低单位生产成本

E. 改善等级构成

3. 与销售有关的赢利能力分析指标包括（　　）。

A. 总资产净利率

B. 净资产收益率

C. 销售毛利率

D. 销售净利率

E. 每股收益

4. 下面（　　）指标是反映生产经营业务获利能力的指标。

A. 销售毛利率

B. 总资产净利率

C. 税前利润率

D. 营业利润率

5. 下列各项中，决定息税前经营利润的因素包括（ ）。

A. 主营业务利润　　　　　　　B. 其他业务利润

C. 营业费用　　　　　　　　　D. 管理费用

E. 财务费用

6. 利用利润表分析长期偿债能力的指标有（ ）。

A. 每股收益　　　　　　　　　B. 利息偿付倍数

C. 有形净值债务率　　　　　　D. 固定支出偿付倍数

E. 营运资金

7. 以下各项中，属于反映资产收益率的指标有（ ）。

A. 总资产净利率　　　　　　　B. 每股收益

C. 长期资本收益率　　　　　　D. 营业利润率

E. 净资产收益率

8. 依据杜邦分析法，当权益乘数一定时，影响资产净利率的指标有（ ）。

A. 销售净利率　　　　　　　　B. 资产负债率

C. 资产周转率　　　　　　　　D. 产权比率

E. 负债总额

项目三

【训练目的】掌握利润表分析的基本方法。

【训练要求】阅读报表完成相关分析。

已知某公司 2007 年会计报表的有关资料如表 3-4 所示。

表 3-4　　　　　　　　　　　　2007 年会计报表数据

编制单位：某单位　　　　　　　　　　　　　　　　　　单位：万元

| 资产负债表项目 | 年初数 | 年末数 |
|---|---|---|
| 资产 | 8000 | 10000 |
| 负债 | 4500 | 6000 |
| 所有者权益 | 3500 | 4000 |
| 利润表项目 | 上年数 | 本年数 |
| 营业收入 | （略） | 20000 |
| 净利润 | （略） | 500 |

要求：计算杜邦财务分析体系中的下列指标（凡计算指标涉及资产负债表项目数据的，均按平均数计算）：净资产收益率；总资产净利率（保留小数点后三位百分数）；销售净利率；总资产周转率（保留三位小数）；权益乘数。

项目四

【训练目的】掌握利润表分析的基本方法。

【训练要求】阅读报表完成相关分析。

华能公司是一家上市公司，它主要生产小型及微型处理电脑，其市场目标主要定位于小规模公司和个人使用。该公司生产的产品质量优良，价格合理，在市场上颇受欢迎，销路很好，因此该公司也迅速发展壮大起来。公司当前正在做 2012 年度的财务分析，下一周，财务总监董晶将向总经理汇报 2012 年度公司的财务状况和经营成果，汇报的重点是公司经营成果的完成情况，并要出具具体的分析数据。

张伟是该公司的助理会计师，主要负责利润的核算、分析工作，董晶要求张伟对公司 2012 年度有关经营成果的资料进行整理分析，并对公司经营成果的完成情况写出分析结果，以供公司领导决策考虑。接到财务总监交给的任务后，张伟立刻收集有关经营成果的资料，资料如表 3-5、表 3-6、表 3-7 和表 3-8 所示。

**表 3-5　　　　　　　　　　　2012 年度利润表**

编制单位：华能公司　　　　　　　　　　　　　　　　　　　　　　单位：千元

| 项目 | 2012 年度 | 2011 年度 |
|------|-----------|-----------|
| 一、产品销售收入 | 1296900 | 1153450 |
| 减：产品销售成本 | 1070955 | 968091 |
| 产品销售税金及附加 | 14396 | 6805 |
| 二、产品销售利润 | 211549 | 178554 |
| 加：其他销售利润 | −5318 | −2192 |
| 减：存货跌价损失 | 2095 | |
| 销售费用 | 2723 | 1961 |
| 管理费用 | 124502 | 108309 |
| 财务费用 | −24122 | 105541 |
| 三、营业利润 | 101033 | −39449 |
| 加：投资净收益 | 23604 | 68976 |
| 营业外收入 | 80 | |
| 减：营业外支出 | 3113 | 1961 |
| 四、利润总额 | 121604 | 27566 |
| 减：所得税 | 23344 | 4268 |
| 五、净利润 | 98260 | 23298 |

**表 3-6　　　　　　　　　　华能公司投资收益表**　　　　　　　　单位：千元

| 项目 | 2012 年 | 2011 年 |
|------|---------|---------|
| 长期股权投资收益 | 26274 | 21176 |
| 长期股权投资差额摊销 | −2400 | −2200 |
| 长期股权转让收益 | | 50000 |

续 表

| 项目 | 2012 年 | 2011 年 |
|---|---|---|
| 短期投资跌价损失 | −270 | |
| 投资收益合计 | 23604 | 68976 |

表 3‑7  华能公司财务费用表  单位：千元

| 项目 | 2012 年 | 2011 年 |
|---|---|---|
| 利息支出 | 970 | 128676 |
| 减：利息收入 | 26854 | 25320 |
| 汇兑损失 | 3108 | 2809 |
| 减：汇兑收益 | 1480 | 756 |
| 其他 | 134 | 132 |
| 财务费用 | −24122 | 105541 |

表 3‑8  华能公司管理费用明细表  单位：千元

| 项目 | 2012 年 | 2011 年 |
|---|---|---|
| 工资及福利费 | 64540 | 64320 |
| 劳动保险费 | 4340 | 4308 |
| 业务招待费 | 8988 | 4211 |
| 工会经费 | 1150 | 1048 |
| 折旧费 | 1540 | 1540 |
| 技术开发费 | 38600 | 27856 |
| 其他 | 5344 | 5026 |
| 管理费用 | 124502 | 108309 |

请运用案例中提供的信息，协助张伟做好以下几项分析工作：

（1）运用水平分析法编制利润增减变动分析表。

（2）对公司 2012 年利润比上期增减变动情况分析评价。

（3）运用纵向分析法编制利润结构分析表。

（4）对公司 2012 年利润结构变动情况进行分析评价。

延伸阅读

## 巴菲特教你读损益表

巴菲特在分析公司持久竞争优势时总是先从公司的损益表开始着手，他通过分析企业

的损益表能够看出这个企业是否能够创造利润，是否具有持久竞争力。

巴菲特分析损益表主要关注以下 8 项指标：

1. 毛利率：巴菲特认为，只有具备某种可持续性竞争优势的公司才能在长期运营中一直保持赢利，尤其是毛利率在 40％ 及以上的公司，我们应该查找公司在过去十年的年毛利率以确保是否具有"持续性"。

2. 销售费用及一般管理费用占销售收入的比例：销售费用及一般管理费用越少越好，其占销售毛利的比例保持在 30％ 以下最好。

3. 研发开支：巴菲特总是回避那些经常必须花费巨额研发开支的公司，尤其是高科技公司，巨额研发一旦失败，其长期经营前景将受到很大影响，这意味着公司业务未来长期并不稳定，持续性不强。

4. 折旧费用：巴菲特发现那些具有持续性竞争优势的公司相对那些陷入过度竞争困境的公司而言，其折旧费占毛利润的比例较低。

5. 利息费用：具有持续性竞争优势的公司几乎不需要支付利息，甚至没有任何利息支出。在消费品类领域，巴菲特所钟爱的那些具有持续竞争优势的公司，其利息支出均小于其营业利润的 15％。

6. 税前利润：指将所有费用开支扣除之后但在所得税被扣减之前的利润。巴菲特经常谈到税前条件下的公司利润，这使他能在同等条件下将一家公司或投资与另一项投资进行比较，税前利润也是他计算投资回报率常用的一个指标。

7. 净利润：净利润是否能保持长期增长态势；净利润占总收入的比例是否明显高于它们的竞争对手；净利润是否一直保持在总收入的 20％ 以上。

8. 每股收益：连续 10 年的每股收益数据就足以能够让我们明确判断出公司是否具有长期竞争优势。巴菲特所寻找的是那些每股收益连续 10 年或者 10 年以上都表现出持续上涨态势的公司。

巴菲特在分析公司是否具有持久竞争优势时，总是先从公司的损益表着手，因为损益表可以让投资者了解该企业在一段时期内的经营状况。

巴菲特在研究那些颇具魅力的优质企业时，他发现，通过分析企业的损益表能够看出这个企业是否能够创造利润，是否具有持久竞争力。企业能否赢利仅仅是一方面，还应该分析该企业获得利润的方式，它是否需要靠大量研发以保持竞争力，是否需要通过财务杠杆以获取利润。通过从损益表中挖掘的这些信息，可以判断这个企业的经济增长原动力。对于巴菲特来说，利润的来源比利润本身更具有意义。

**毛利润：寻求长期赢利的关键指标**

巴菲特的观点是：只有具备某种可持续性竞争优势的公司才能在长期运营中一直保持赢利。他发现，比起缺乏长期竞争力的公司，那些拥有良好长期经济原动力和竞争优势的公司往往具有持续较高的毛利率。

巴菲特认为，具有持续竞争优势而保持较高毛利率的企业包括：可口可乐公司一直保持 60％ 或者更高的毛利率，债券评级公司穆迪的毛利率是 73％，伯灵顿北方圣太菲铁路运输公司的毛利率为 61％，箭牌公司的毛利率为 51％。

相对于我们所熟知的这些优质企业，那些长期经济运行情况不太良好的公司，其毛利率就相形见绌了。例如，濒临破产的美国航空公司，它的毛利率仅为14%；陷入困境的汽车制造商——通用汽车制造公司，其毛利率只有21%；曾经陷入困境，但现在已经扭亏为盈的美国钢铁公司的毛利率为17%；一年四季都在运营的固特异轮胎公司，在经济状况不太良好时，毛利率也只有20%。

毛利率较高的公司也有可能会误入歧途，并且丧失其长期竞争优势，首先是过高的研究费用，其次是过高的销售和管理费用，最后就是过高的债务利息支出。这三种费用中的任何一种如果过高，都有可能削弱企业的长期经济原动力。这些被称为营业费用，它们是所有公司的"眼中钉"。

### 销售费用及一般管理费用

像可口可乐这样的公司，此类花费可能将达到数十亿，它们对公司的固定成本有着重大影响。对不同的公司而言，这些费用占毛利润的比例相差迥异，甚至在具有持续性竞争优势的公司之间，比例也不尽相同。例如，可口可乐公司的销售费用及一般管理费用占毛利润的比例保持在59%，穆迪公司的此项比例每年约为25%，而宝洁公司在这方面的花费则一直保持在61%左右。请注意，我们这里讲的是"持续水平"。

那些处在高度竞争行业，从而缺乏持续竞争优势的公司，销售费用及一般管理费用比例也显示出巨大的不同。通用公司在过去5年中，此项费用占毛利润的比例为28%～83%。福特公司过去5年内，每年在此项费用上的花费占当期毛利润的比例竟然为89%～780%，这意味着它们像疯子一样花钱。另外，福特公司的销售业绩不佳，收入呈下降趋势，但该公司的此项费用却一直保持不变。如果公司不尽快减少在该项上的花费，那么，它们将吞噬更多的毛利润。

巴菲特认识到，一定要远离这些总是受困于高额销售费用及一般管理花费的公司。他也知道，即使是此项费用保持较低水平的公司，它的长期经营前景也可能被其高昂的研发费用、高资本开支和大量债务所破坏。无论股票价格如何，他都对这类公司避而远之，因为他知道，它们的内在长期经济实力如此脆弱，即使股价较低，也不能使投资者扭转终生平庸的结局。

### 研究和开发费用：巴菲特避而远之

寻找具有持续性竞争优势企业的"游戏"过程中，这是很重要的一部分内容。长期的竞争优势，常常是通过专利权或者技术上的领先地位赋予公司在同行中的相对优势。如果公司的竞争优势是专利权带来的，例如那些制药类公司，到一定期限之后专利权会过期，公司的竞争优势也由此而消失。

穆迪公司是一家债券评级公司，是巴菲特长期投资的最爱，他投资穆迪公司有很好的理由。穆迪公司没有研究开发费用，而且平均只花费25%的毛利润在销售费用及一般管理费用上。可口可乐公司也没有研发费，虽然它必须疯狂进行广告投入，但销售费用及一般管理费用比例仍然只有约59%。持有穆迪公司和可口可乐公司的股票，巴菲特不会因为担心某项药物专利过期，或者他持有股票的公司在下一轮技术突破竞争中失手而夜不能寐。

这是巴菲特的一个原则：那些必须花费巨额研发开支的公司都有在竞争优势上的缺陷，这将使它们的长期经营前景置于风险中，意味着它们并不太保险。

如果不是一项比较保险的投资，巴菲特是不会对其产生兴趣的。

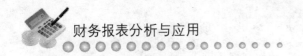

### 折旧费：巴菲特不能忽视的成本

巴菲特指出，那些聪明的金融家们在使用息税折旧摊销前利润指标的同时，却忽视了一个问题——这台印刷机最终将报废，公司不得不再花 100 万美元去购买一台新的印刷机。但公司如今却背负着因杠杆式收购而产生的巨额债务，很可能没有能力去购买一台价值 100 万美元的新印刷机了。

巴菲特坚信，折旧费是一项真实的开支，因此不管以何种方式计算利润，必须将折旧费包括进来。倘若背道而驰，我们就会自欺欺人地认为，公司在短期内的利润要比实际利润好得多。一个自欺欺人的人一般是不会发财致富的。

巴菲特发现，那些具有持续性竞争优势的公司相对那些陷入过度竞争困境的公司而言，其折旧费占毛利润的比例较低。举个例子，可口可乐公司的折旧费用一直保持在毛利润的 6% 左右，而箭牌公司同样具有持续性竞争优势，其折旧费也大约在毛利润的 7% 左右。巴菲特长期钟爱的投资对象——宝洁公司，其折旧费也只有毛利润的 8%。与之形成鲜明对比的是通用汽车，该公司属于高度竞争的资本密集型行业，其折旧费占毛利润总额的 22%～57%。

对那些吞噬公司毛利润的各种费用，巴菲特认为，它们越少就意味着越高的保底线。

### 利息支出：巴菲特不想看到

利息支出被称为财务成本，而不是运营成本。它之所以被单独列出，是因为它与公司的生产和销售过程没有任何直接联系。利息是公司财务报表中总负债的反映。公司负债越多，其必须支付的利息就越多。

巴菲特指出，那些具有持续性竞争优势的公司几乎不需要支付利息，甚至没有任何利息支出。具有长期竞争优势的宝洁公司只需花费营业利润的 8% 用于利息支出；箭牌公司平均只需将 7% 的营业利润用以支付利息；相比之下，固特异公司属于过度竞争和资本密集型的轮胎制造业，它平均每年不得不将其营业利润的 49% 用于支付债务利息。

这是一条极其简单的规律：在任何行业领域，那些利息支出占营业利润比例最低的公司，往往是最有可能具有竞争优势的。用巴菲特的话来讲，投资于那些具有持续性竞争优势的公司是确保我们能够获取长期财富的唯一途径。

### 税前利润：巴菲特惯用的指标

巴菲特经常谈到税前条件下的公司利润，这使他能在同等条件下将一家公司的投资与另一项投资进行比较。同时，这也是他价值投资理论启示的基石：持有一家具有持续竞争优势的公司，实际上是投资于一种息票利率逐渐增长的"权益债券"。

### 应缴所得税：巴菲特知道谁在说真话

有趣的是，应缴所得税项目反映了公司的真实税前利润。有时候，一些公司喜欢夸大其词，对外宣称它们赚了很多钱，但事实上并非如此。这让人感到震惊，不是吗？有一种途径能够判断出它们所说的是真话还是假话，那就是去查看该公司提交给美国证券管理委员会的报表，然后再查出它们的所得税支付情况，将其报告的税前营业利润数额从中扣除 35%，如果余额与公司对外报告的税后利润不符合，我们最好做进一步了解。

多年来，巴菲特发现那些千方百计歪曲事实以欺骗美国国家税务局的公司，同样会绞尽脑汁地想出各种方法欺骗它们的股东。真正具有长期竞争优势的优质公司，其利润本来就很不错，完全没有必要靠包装来误导他人。

## 净利润：巴菲特的追求

巴菲特首先关心公司净利润是否具有上升趋势。仅仅单独一年的净利润数据对巴菲特来讲毫无价值，他感兴趣的是，公司利润是否展现美好前景，是否能保持长期增长态势，若是两者兼备，则等同于具有持续性的竞争优势。巴菲特并不要求公司一帆风顺，但他希望整个趋势是保持向上的。

巴菲特发现，那些具有持续性竞争优势的公司，其报告净利润占总收入的比例会明显高于它们的竞争对手。巴菲特曾经说过，倘若要在一家收入 100 亿美元、净利润为 20 亿美元的公司和一家收入 1000 亿美元但仅赚 50 亿美元的公司之间进行选择的话，他将选择拥有前者。因为这家公司所赚取的净利润占其总收入的 20%，而另一家公司只占其总收入的 5%。

像可口可乐这样的优质公司能净赚总收入的 21%，举世瞩目的穆迪公司能净赚总收入的 31%，这些数据正好反映出这两家公司卓越的基本情况。相比而言，西南航空公司只能净赚总收入中微薄的 7% 的利润，这反映出航空业的高度竞争性质。在这个行业内，没有一家公司能够相对同行具有长期竞争优势。另外，通用汽车公司即使在经营情况良好时（当它不亏损时），也只能净赚其总收入的 3% 的利润，这同样说明过度竞争的汽车制造业糟糕的经济状况。

## 每股收益：巴菲特辨别成功和失败者

每股收益是会计期间内以股份数为基数，计算公司每股股票所得的净利润。在投资领域中，这是一个重量级指标，因为公司的每股收益越多，其股票价格将越高，这是一条定律。想知道公司的每股收益，我们将公司的净利润总额除以公司流通股数量即可得到。举个例子，如果一家公司今年赚取了 1000 万美元的净利润，而公司总共有 100 万股流通股，那么该公司今年的每股收益为 10 美元。

任何单独一年的每股收益不足以用来判断一个公司是否具有持续性竞争优势，但是，连续 10 年的每股收益数据就足以让我们明确判断出公司是否具有长期竞争优势。巴菲特所寻找的是那些每股收益连续 10 年或者 10 年以上都表现出持续上涨态势的公司。

（资料来源：《巴菲特教你读财报》节选）

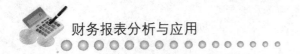

# 项目四　现金流量表的分析

 **学习目标**

1. 知识目标
● 掌握现金流量表的概念和内容
● 了解现金流量表分析的主要内容
● 了解现金流量表中企业良好财务状况应具有的特征
● 掌握现金流量表的重点分析方法
2. 技能目标
● 能看懂企业的现金流量表
● 学会分析、评价企业的偿债能力、现金支付能力、获现能力和收益质量
● 通过现金流量表分析，能具备识别企业现金健康状况的能力

 **案例导入**

广东科龙电器股份有限公司于 1992 年 12 月 26 日成立。所属行业为家用电器；经营范围包括开发、制造电冰箱、空调、冷柜等电器产品及相应配件业务，产品内外销售和提供售后服务。注册地址为广东省佛山市顺德区容桂街道容港路 8 号。

公司之 H 股于 1996 年 7 月 13 日在香港联交所上市。公司于 1999 年 6 月 2 日通过深圳证券交易所以"上网定价"发行方式成功向社会公开发行 9350 万股社会公众股，向 10 家基金公司配售 1650 万股，共计 11000 万股（每股：面值 1 元，发行价 9.98 元，发行费用 0.24 元，募集资金 9.74 元），共募集资金 107140 万元，并于 1999 年 7 月 13 日在深圳证券交易所挂牌上市。但 2000 年，科龙全年巨亏达 8.3 亿元，2001 年更是达到 14.76 亿元，从其 1998 年和 1999 年的现金流量表（见表 4-1）中就可以看到一些端倪。

表 4-1　　　　　　　　　　现金流量表　　　　　　　　　单位：元

| 项目 | 1999 年度 | 1998 年度 |
|---|---|---|
| 经营活动产生的现金流量 | | |
| 销售商品、提供劳务收到的现金 | 4053959452 | 4062638832 |
| 收到的税费返还 | 189299218 | 53481591 |
| 收到的其他与经营活动有关的现金 | 56020730 | 60007434 |
| 现金流入小计 | 4299279400 | 4176127857 |

| 项目 | 1999 年度 | 1998 年度 |
|---|---|---|
| 购买商品、接受劳务支付的现金 | −4800965138 | −2565704338 |
| 支付给职工以及为职工支付的现金 | −113714950 | −200393079 |
| 实际缴纳的增值税 | −235802871 | −237675850 |
| 支付的所得税款 | −108593623 | −41276727 |
| 支付的其他与经营活动有关的现金 | −19046162 | −105118417 |
| 现金流出小计 | −5278122744 | −3150168411 |
| 经营活动产生的现金流量净额 | −978843344 | 1025959466 |

　　从 1999 年现金流量表上的内容来看，导致经营活动现金流量金额减少较多的主要原因不是收款问题，而是"购买商品、接受劳务支付的现金"以及"支付的所得税款"出现了不利于现金流量表中经营活动产生的现金流量净额增加的重大变化，而"支付给职工以及为职工支付的现金"和"支付的其他与经营活动有关的现金"则出现了有利于现金流量表中经营活动产生的现金流量净额增加的重大变化。

　　通过分析不难发现，1999 年，科龙电器购买商品、接受劳务支付的现金为 4800965138 元，比 1998 年的 2565704338 元增加 2235260800 元。现金购销比率＝购买商品、接受劳务支付的现金/销售商品、提供劳务收到的现金＝4800965138/4053959452＝1.18，该数据很不正常。

　　请思考：

1. 现金流量表都由哪些项目组成？
2. 现金流量表与资产负债表和利润表之间的关系？
3. 现金流量表有哪些作用？

# 任务一　认识现金流量表

## 一、现金流量表概述

　　在市场经济条件下，企业现金流量在很大程度上决定着企业的生存和发展能力。即使企业有赢利能力，但若现金周转不畅、调度不灵，也将严重影响企业正常的生产经营，偿债能力的弱化直接影响企业的信誉，最终影响企业的生存。因此，现金流量信息在企业经营和管理中的地位越来越重要，正日益受到企业内外各方人士的关注。

　　现金流量表反映的是某一企业在某一特定时期内（如季末、年中、年末）现金流入、流出及流入净额状况的财务报表，它是对资产负债表和利润表的动态补充。现金流量表概括反映经营活动、投资活动和筹资活动对企业现金流入、流出的影响。作为一个分析的工具，现金流量表的主要作用是决定公司短期生存能力，特别是缴付账单的能力。

小贴士：现金流量表是原先财务状况变动表或者资金流动状况表的替代物。它详细描述了由公司的经营、投资与筹资活动所产生的现金流。这张表由财务会计标准委员会于1987年批准生效，因而有时被称为FASB95号表。

例如有些上市公司的账面利润很是丰厚，但却没有充足的现金来支付相应的支出，甚至不能够偿还企业到期债务。换言之，企业有很多的"利润"，但手头现钱却不足，这是一个非常重要而又危险的信号，而要发现这一信号，查看现金流量表无疑有着至关重要的作用。

## 二、现金流量表格式

现金流量表分为两部分：正表和补充资料。正表一般由表首、表体两部分组成。其中，表首概括地说明报表名称、编制单位、编制日期、计量单位等。现金流量表的编制基础是收付实现制。我国的现金流量表采取报告式，分为经营活动、投资活动和筹资活动三大类现金流量及汇率变动对现金的影响构成，反映企业本年度产生的现金净流量总额，以及各类活动产生的现金流入和流出的数额等。

小贴士：一般现金流量的计算采取收付实现制，而不涉及权责发生制，会计信息就是几乎造不了假，如果硬要造假也容易被发现。比如虚假的合同能签出利润，但签不出现金流量。有些上市公司在以关联交易操作利润时，一般也会在现金流量方面暴露有利润而没有现金流入的现象，因此利用每股营业务现金流量净额去分析公司的获利能力，比每股盈利更加客观，有其特有的准确性。可以说每股现金流量就是公司获利能力的质量指标。

补充资料是对正表内容的补充说明，主要包括三项内容：将净利润调整为经营活动现金流量；不涉及现金收支的投资和筹资活动；现金及现金等价物净增加情况。

表4-2　　　　　　　　　　　　　现金流量表

编制单位：　　　　　　　　年度　　　　　　　　单位：

| 项目 | 行次 | 金额 | 补充资料 | 行次 | 金额 |
|---|---|---|---|---|---|
| 一、经营活动产生的现金流量： | | | 1. 将净利润调节为经营活动现金流量： | | |
| 销售商品、提供劳务收到的现金 | 1 | | 净利润 | 57 | |
| 收到的税费返还 | 3 | | 加：计提的资产减值准备 | 58 | |
| 收到的其他与经营活动有关的现金 | 8 | | 固定资产折旧 | 59 | |
| 现金流入小计 | 9 | | 无形资产摊销 | 60 | |

续　表

| 项目 | 行次 | 金额 | 补充资料 | 行次 | 金额 |
|---|---|---|---|---|---|
| 购买商品、接受劳务支付的现金 | 10 | | 长期待摊费用摊销 | 61 | |
| 支付给职工以及为职工支付的现金 | 12 | | 待摊费用减少（减：增加） | 64 | |
| 支付的各项税费 | 13 | | 预提费用增加（减：减少） | 65 | |
| 支付的其他与经营活动有关的现金 | 18 | | 处置固定资产、无形资产和其他长期资产的损失（减：收益） | 66 | |
| 现金流出小计 | 20 | | 固定资产报废损失 | 67 | |
| 经营活动产生的现金流量净额 | 21 | | 财务费用 | 68 | |
| 二、投资活动产生的现金流量： | | | 投资损失（减：收益） | 69 | |
| 收回投资所收到的现金 | 22 | | 递延税款贷项（减：借项） | 70 | |
| 取得投资收益所收到的现金 | 23 | | 存货的减少（减：增加） | 71 | |
| 处置固定资产、无形资产和其他长期资产所收回的现金净额 | 25 | | 经营性应收项目的减少（减：增加） | 72 | |
| 收到的其他与投资活动有关的现金 | 28 | | 经营性应付项目的增加（减：减少） | 73 | |
| 现金流入小计 | 29 | | 其他 | 74 | |
| 购建固定资产、无形资产和其他长期资产所支付的现金 | 30 | | 经营活动产生的现金流量净额 | 75 | |
| 投资所支付的现金 | 31 | | | | |
| 支付的其他与投资活动有关的现金 | 35 | | | | |
| 现金流出小计 | 36 | | | | |
| 投资活动产生的现金流量净额 | 37 | | 2. 不涉及现金收支的投资和筹资活动： | | |
| 三、筹资活动产生的现金流量： | | | 债务转为资本 | 76 | |
| 吸收投资所收到的现金 | 38 | | 一年内到期的可转换公司债券 | 77 | |
| 借款所收到的现金 | 40 | | 融资租入固定资产 | 78 | |
| 收到的其他与筹资活动有关的现金 | 43 | | | | |
| 现金流入小计 | 44 | | | | |
| 偿还债务所支付的现金 | 45 | | | | |
| 分配股利、利润或偿付利息所支付的现金 | 46 | | 3. 现金及现金等价物净增加情况： | | |

续 表

| 项目 | 行次 | 金额 | 补充资料 | 行次 | 金额 |
|---|---|---|---|---|---|
| 支付的其他与筹资活动有关的现金 | 52 | | 现金的期末余额 | 79 | |
| 现金流出小计 | 53 | | 减：现金的期初余额 | 80 | |
| 筹资活动产生的现金流量净额 | 54 | | 加：现金等价物的期末余额 | 81 | |
| 四、汇率变动对现金的影响 | 55 | | 减：现金等价物的期初余额 | 82 | |
| 五、现金及现金等价物净增加额 | 56 | | 现金及现金等价物净增加额 | 83 | |

### 三、现金流量表的主要作用

（一）能够说明企业的偿债能力和支付股利的能力

投资者投入资金、债权人提供企业短期或长期使用的资金，其目的主要是为了获利。通常情况下，报表阅读者比较关注企业的获利情况，并且往往以获得利润的多少作为衡量标准。企业获利多少在一定程度上表明了企业具有一定的现金支付能力。但是，企业一定期间内获得的利润并不代表企业真正具有偿债或支付能力。在某些情况下，虽然企业利润表上反映的经营业绩很可观，但财务困难，不能偿还到期债务；还有些企业虽然利润表上反映的经营成果并不可观，但却有足够的偿付能力。产生这种情况有诸多原因，其中会计核算采用的权责发生制、配比原则等所含的估计因素也是其主要原因之一。现金流量表完全以现金的收支为基础，消除了会计核算中由于会计估计等所产生的获利能力和支付能力。通过现金流量表能够了解企业现金流入的构成，分析企业偿债和支付股利的能力，增强投资者的投资信心和债权人收回债权的信心；通过现金流量表，投资者和债权人可了解企业获取现金的能力和现金偿付的能力，从而使有限的社会资源流向最能产生效益的地方。

（二）可以用来分析企业未来获取现金的能力

现金流量表反映企业一定期间内的现金流入和流出的整体情况，说明企业现金从哪里来，又运用到哪里去。现金流量表中的经营活动产生的现金流量，代表企业运用其经济资源创造现金流量的能力；投资活动产生的现金流量，代表企业运用资金产生现金流量的能力；筹资活动产生的现金流量，代表企业筹资获得现金流量的能力。通过现金流量表及其他财务信息，可以分析企业未来获取或支付现金的能力。例如，企业通过银行借款筹得资金，从本期现金流量表中反映为现金流入，但却意味着未来偿还借款时要流出现金。又如，本期应收未收的款项，在本期现金流量表中虽然没有反映为现金的流入，但意味着未来将会有现金流入。

（三）可以用来分析企业投资和理财活动对经营成果和财务状况的影响

资产负债表能够提供企业一定日期财务的状况，它所提供的是静态的财务信息，并不能反映财务状况变动的原因，也不能表明这些资产、负债给企业带来多少现金，又用去多少现金；利润表虽然反映企业一定期间的经营成果，提供动态的财务信息，但利润表只能反映利润的构成，也不能反映经营活动、投资和筹资活动给企业带来多少现金，又支付多少现金，而且利润表不能反映投资和筹资活动的全部事项。现金流量表提供一定时期现金流入和流出的动态财务信息，表明企业在报告期内由经营活动、投资和筹资活动获得多少现金，企业获得的这些现金是如何运用的，能够说明资产、负债、净资产变动的原因，对资产负债表和利润表起到补充说明的作用。现金流量表是连接资产负债表和利润表的桥梁。

（四）现金流量表能够提供不涉及现金的投资和筹资活动的信息

现金流量表除了反映企业与现金有关的投资和筹资活动外，还通过补充资料（附注）方式提供不涉及现金的投资和筹资活动方面的信息，使会计报表使用者或阅读者能够全面了解和分析企业的投资和筹资活动。

# 任务二　分析现金流量表

## 一、现金流量表的解读

现金流量表是以收付实现制为编制基础，反映企业在一定时期内现金收入和现金支出情况的报表。对现金流量表的分析，既要掌握该表的结构及特点，分析其内部构成，又要结合利润表和资产负债表进行综合分析，以求全面、客观地评价企业的财务状况和经营业绩。因此，现金流量表的分析可从以下几方面着手。

（一）现金流量及其结构分析

企业的现金流量由经营活动产生的现金流量、投资活动产生的现金流量和筹资活动产生的现金流量三部分构成。分析现金流量及其结构，可以了解企业现金的来龙去脉和现金收支构成，评价企业经营状况、收现能力、筹资能力和资金实力。

1. 经营活动产生的现金流量分析

（1）将销售商品、提供劳务收到的现金与购进商品、接受劳务付出的现金进行比较。在企业经营正常、购销平衡的情况下，二者比较是有意义的。比率大，说明企业的销售利润大，销售回款良好，收取现金能力强。

（2）将销售商品、提供劳务收到的现金与经营活动流入的现金总额比较，可大致说明企业产品销售现款占经营活动流入的现金的比重有多大。比重大，说明企业主营业务突出，营销状况良好。

（3）将本期经营活动现金净流量与上期比较，增长率越高，说明企业的成长性越好。

2. 投资活动产生的现金流量分析

当企业扩大规模或开发新的利润增长点时，需要大量的现金投入，投资活动产生的现金流入量补偿不了流出量，投资活动现金净流量为负数，但如果企业投资有效，将会在未来产生现金净流入用于偿还债务，创造收益，企业不会有偿债困难。因此，分析投资活动现金流量，应结合企业目前的投资项目进行，不能简单地以现金净流入还是净流出来论优劣。

3. 筹资活动产生的现金流量分析

一般来说，筹资活动产生的现金净流量越大，企业面临的偿债压力也越大，但如果现金净流入量主要来自于企业吸收的权益性资本，则不仅不会面临偿债压力，资金实力反而增强。因此，在分析时，可将吸收权益性资本收到的现金与筹资活动现金总流入比较，所占比重大，说明企业资金实力增强，财务风险降低。

4. 现金流量构成分析

首先，分别计算经营活动现金流入、投资活动现金流入和筹资活动现金流入占现金总流入的比重，了解现金的主要来源。一般来说，经营活动现金流入占现金总流入比重大的企业，经营状况较好，财务风险较低，现金流入结构较为合理。其次，分别计算经营活动现金支出、投资活动现金支出和筹资活动现金支出占现金总流出的比重，它能具体反映企业的现金用于哪些方面。一般来说，经营活动现金支出比重大的企业，其生产经营状况正常，现金支出结构较为合理。

（二）现金流量表纵向结构分析

所谓现金流量表的纵向结构分析，是指同一时期现金流量表中不同项目间的比较与分析，以揭示各项数据在企业现金流量中的相对意义。其步骤为：①计算现金流入总额、现金流出总额和现金余额；②计算各现金流入项目和各现金流出项目占总现金流入额和流出额的比例；③分析各类现金流入和各类现金流出小计占现金流入总额和现金流出总额的比例；④计算企业各项业务，包括经营活动、投资活动、筹资活动现金收支净流量占全部现金余额的比例；⑤按比例大小或比例变动大小，找出重要项目进行重点分析，了解现金流量的形成、变动过程及其变动原因。

以 ABC 公司 2013 年的现金流量表为例（见表 4-3、表 4-4）。

表 4-3

现金流量表

编制单位：ABC 公司　　　　　　　　2013 年度　　　　　　　　单位：万元

| 项目 | 行次 | 金额 |
|---|---|---|
| 一、经营活动产生的现金流量： | | |
| 销售商品、提供劳务收到的现金 | 1 | 134.2737 |
| 收到的税费返还 | 3 | 22.9500 |
| 现金流入小计 | 9 | 157.2237 |
| 购买商品、接受劳务支付的现金 | 10 | 122.7400 |
| 支付给职工以及为职工支付的现金 | 12 | 4.0000 |
| 支付的各项税费 | 13 | 28.0617 |
| 支付的其他与经营活动有关的现金 | 18 | 1.8000 |
| 现金流出小计 | 20 | 156.6017 |
| 经营活动产生的现金流量金额 | 21 | 0.6220 |
| 二、投资活动产生的现金流量： | | |
| 收回投资所收到的现金 | 22 | 0.8250 |
| 取得投资收益所收到的现金 | 23 | 0.4025 |
| 处置固定资产所收到的现金净额 | 25 | 0.0750 |

| 项目 | 行次 | 金额 |
|---|---|---|
| 现金流入小计 | 29 | 1.3025 |
| 购建固定资产所支付的现金 | 30 | 11.4900 |
| 投资所支付的现金 | 31 | 1.0000 |
| 现金流出小计 | 36 | 12.4900 |
| 投资活动产生的现金流量净额 | 37 | −11.1875 |
| 三、筹资活动的现金流量： | | |
| 吸收投资所收到的现金 | 38 | 2.5000 |
| 借款所收到的现金 | 40 | 15.0000 |
| 收到的其他与筹资活动有关的现金 | 43 | 0.5000 |
| 现金流入小计 | 44 | 18.0000 |
| 偿还债务所支付的现金 | 45 | 2.1200 |
| 分配股利、利润或偿付利息所支付的现金 | 46 | 2.5250 |
| 现金流出小计 | 53 | 4.6450 |
| 筹资活动产生的现金流量净额 | 54 | 13.3550 |
| 四、汇率变动对现金的影响 | 55 | 0 |
| 五、现金及现金等价物净增加额 | 56 | 2.7895 |

表 4-4　　　　　　　　　　现金流量表补充资料　　　　　　　　单位：万元

| 补充资料 | 行次 | 金额 |
|---|---|---|
| 1. 将净利润调节为经营活动现金流量： | | |
| 净利润 | 57 | 10.3572 |
| 　加：计提的资产减值准备 | 58 | 0.0198 |
| 固定资产折旧 | 59 | 0.73 |
| 无形资产摊销 | 60 | 0.2025 |
| 长期待摊费用摊销 | 61 | 0.3 |
| 处置固定资产、无形资产和其他长期资产的损失（减：收益） | 66 | 0.225 |
| 财务费用 | 68 | 0.62 |
| 投资损失（减：收益） | 69 | −0.4025 |
| 存货的减少（减：增加） | 71 | −125800 |
| 经营性应收项目的减少（减：增加） | 72 | 0.59 |
| 经营性应付项目的增加（减：减少） | 73 | 0.56 |
| 经营活动产生的现金流量净额 | 75 | 6220 |

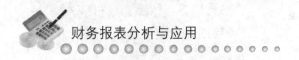

续　表

| 补充资料 | 行次 | 金额 |
|---|---|---|
| 2. 不涉及现金收支的投资和筹资活动: | | |
| 债务转为资本 | 76 | 4.7500 |
| 一年内到期的可转换公司债券 | 77 | 1.5017 |
| 3. 现金及现金等价物净增加情况: | | |
| 现金的期末余额 | 79 | 5.5000 |
| 减：现金的期初余额 | 80 | 2.4450 |
| 加：现金等价物的期末余额 | 81 | 2.7345 |
| 减：现金等价物的期初余额 | 82 | 3.0000 |
| 现金及现金等价物净增加额 | 83 | 2.7895 |

1. 现金流入纵向结构分析

现金流入结构分析是反映企业的各项业务活动现金流入，如经营活动的现金流入、投资活动现金流入、筹资活动现金流入等在全部现金流入中的比重以及各项业务活动现金流入中具体项目的构成情况，明确企业的现金究竟来自何方，要增加现金流入主要应在哪些方面采取措施等。

从 ABC 公司现金流量表中可以做出以下分析（见表 4 - 5）。

表 4 - 5　　　　　　ABC 公司现金流入纵向结构百分比分析表

| 项目 | 金额（万元） | 部分结构百分比 | 总体结构百分比 |
|---|---|---|---|
| 主营业务收入 | 134.2737 | 85.40% | 89.10% |
| 税费返还 | 22.95 | 14.60% | |
| 经营活动现金流入 | 157.2237 | 100% | |
| 收回投资 | 0.825 | 63.30% | 0.70% |
| 投资收益 | 0.4025 | 30.90% | |
| 处置固定资产 | 0.075 | 5.80% | |
| 投资活动现金流入 | 1.3025 | 100% | |
| 吸收投资 | 2.59 | 13.90% | 10.20% |
| 借款 | 15 | 83.30% | |
| 其他 | 0.5 | 2.80% | |
| 筹资活动现金流入 | 18 | 100% | |
| 现金流入合计 | 176.5262 | | 100% |

由表 4 - 5 可以看出：①经营活动现金流入占现金流入总量的 89.1%，是其主要

来源。其中，主营业务收入占85.4%，税费返还占14.6%，都比较正常。②投资活动现金流入占现金流入总量的0.7%，说明企业投资活动获取的现金较少。其中，收回投资占63.3%，取得投资收益占30.9%，说明企业投资现金流入大部分为回收资金，而非获利。③筹资活动现金流入占现金流入总量10.2%，也占有相当地位，其中主要来自于借款融资。④综上所述，维持该公司运行、支撑公司发展所需要的大部分现金是在经营过程中产生的，这无疑是企业财务状况良好的一个标志。而收回投资、分得股利取得的现金以及银行借款、发行债券、接受外部投资取得的现金对公司的运行起到了辅助性或补充性的融资作用。

2. 现金流出纵向结构分析

在一个企业的现金流出中，其经营活动的现金流出如购买商品、接受劳务等活动支出的现金往往要占到较大的比重，投资活动和筹资活动的现金流出则因公司的财务政策不同而存在很大的差异。一般来说，在公司正常的经营活动中，其经营活动的现金流出具有一定的稳定性，各期变化幅度不会太大，但投资和筹资活动的现金流出稳定性较差，甚至具有相当的偶发性。随着交付投资款、偿还到期债务、支付股利等活动的发生，当期该类活动的现金流出便会呈现剧增。

表4-6为ABC公司现金流出纵向结构百分比分析表。

表 4-6             ABC 公司现金流出纵向结构百分比分析表

| 项目 | 金额（万元） | 部分结构百分比 | 总体结构百分比 |
|---|---|---|---|
| 购买商品、接受劳务支付的现金 | 122.74 | 78% | |
| 支付给职工以及为职工支付的现金 | 4 | 2.55% | |
| 支付的各项税费 | 28.0617 | 17.92% | 90.14% |
| 支付的其他与经营活动有关的现金 | 1.8 | 1% | |
| 经营活动现金流出小计 | 156.6017 | 100.00% | |
| 购建固定资产所支付的现金 | 11.49 | 91.99% | |
| 投资所支付的现金 | 1 | 8.01% | 7.19% |
| 投资活动现金流出小计 | 12.49 | 100% | |
| 偿还债务所支付的现金 | 2.12 | 45.64% | |
| 分配股利、利润或偿付利息所支付的现金 | 2.525 | 54.36% | 2.67% |
| 筹资活动现金流出小计 | 4.645 | 100.00% | |
| 现金流出合计 | 173.7367 | | 100% |

与现金流入结构分析类似，在ABC公司本期的现金流出量中，经营活动所付现金占90.14%，投资活动所付现金占7.19%，筹资活动所付现金占2.67%。将此现金流出量与现金流入量相结合，可以发现该公司的现金流入与流出主要来自于经营活动所得，用于经营活动所费；公司进行固定资产投资、支付投资者利润等现金需要，主要来源于外部筹

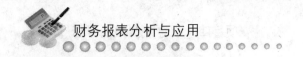

资，特别是举债筹资。从总体上看，该公司的运行是健康的，发展是稳定的。但应特别注意公司以举债筹资扩大投资所带来的财务风险及其偿还能力。

3. 净现金流量纵向结构分析

它是反映公司经营活动、投资活动及筹资活动的现金净流量占公司全部净现金流量的百分比，以及在公司本年度创造的现金及现金等价物净增加额中以上三类活动的贡献程度。通过分析，可以明确体现出本期的现金净流量主要由哪类活动产生，以此可说明现金净流量形成的原因是否合理。

在对其分析中，当企业的现金净增加额为正数时，如主要是由经营活动产生的现金流量净额引起的，可以反映企业收现能力强，坏账风险小，其营销能力一般不错；如主要由投资活动或处置非流动资产引起的，可以反映出企业生产能力正在衰退，从而处置资产以缓解资金压力，但也可能是企业在调整资产结构，应结合上市公告的其他资料进行判断；如主要是由于筹资活动引起的，则意味着企业在未来将负担更多的股息或利息。除非该企业在未来产生更大的现金流量，否则将承受更大的财务风险。

当企业现金净增加额为负数，但如果企业经营活动产生的现金流量净额为正数，且数额较大，则这一般是由于企业扩大投资或购置生产设备等所致，反映企业并非经营状况不佳，反而是未来可能有更大的现金流入。

通过以上分析，还可进一步推断出，对现金流量结构的总体分析可以认定出企业生命周期所在阶段。总量相同的现金流量在经营活动、投资活动、筹资活动之间分布不同，则意味着不同的财务状况。一般情况如下：

（1）当经营活动现金净流量为负数，投资活动现金净流量为负数，筹资活动现金净流量为正数时，表明该企业处于产品初创期。在这个阶段企业需要投入大量资金，形成生产能力，开拓市场，其资金来源只有举债、融资等筹资活动。

（2）当经营活动现金净流量为正数，投资活动现金净流量为负数，筹资活动现金净流量为正数时，可以判断企业处于高速发展期。这时产品迅速占领市场，销售呈现快速上升趋势，表现为经营活动中大量货币资金回笼，同时为了扩大市场份额，企业仍需要大量追加投资，而仅靠经营活动现金流量净额可能无法满足所需投资，必须筹集必要的外部资金作为补充。

（3）当经营活动现金净流量为正数，投资活动现金净流量为正数，筹资活动现金净流量为负数时，表明企业进入产品成熟期。在这个阶段产品销售市场稳定，已进入投资回收期，但很多外部资金需要偿还，以保持企业良好的资信程度。

（4）当经营活动现金净流量为负数，投资活动现金净流量为正数，筹资活动现金净流量为负数时，可以认为企业处于衰退期。这个时期的特征是：市场萎缩，产品销售的市场占有率下降，经营活动现金流入小于流出，同时企业为了应付债务不得不大规模收回投资以弥补现金的不足。

**表 4 - 7** ABC 公司净现金流量纵向结构分析表

| 项目 | 金额（万元） | 总体结构百分比 |
|---|---|---|
| 经营活动产生的现金流量金额 | 0.6220 | 22.30% |
| 投资活动产生的现金流量净额 | -11.1875 | -401.06% |
| 筹资活动产生的现金流量净额 | 13.3550 | 478.76% |
| 现金及现金等价物净增加额 | 2.7895 | 100.00% |

在该公司本期的净现金流量结构（见表 4-7）中，投资活动引起现金净流量减少 111875 元，而经营活动只增加现金净流量 6220 元，其余的现金缺口则是通过筹资活动得以弥补。筹资活动引起现金净流量增加 133550 元，用于投资活动后尚有些许剩余。

该公司经营活动现金净流量为正数，投资活动现金净流量为负数，筹资活动现金净流量为正数，说明其正处于成长发展期。这时销售呈现上升趋势，为了扩大市场份额，企业仍需要大量追加投资，但仅靠经营活动现金流量净额无法满足所需投资，因此通过外部所筹资金作为必要补充。但这将意味着在未来将负担更多的股息或利息，承受更大的财务风险。

（三）现金流量表横向结构分析

所谓现金流量表的横向结构分析，是指用金额、百分比的形式，对现金流量表内每个项目的本期或多期的金额与其基期的金额进行比较分析，编制出横向结构百分比现金流量表，从而揭示差距，观察和分析企业现金流量的变化趋势。同时对这些变化做进一步分析，找出其变化的原因，判断这种变化是有利还是不利，并力求对这种趋势是否会延续做出判断。

**表 4 - 8** ABC 公司 2012 年、2013 年横向结构百分比现金流量表　　　单位：元

| 项目 | 2012 年 | 2013 年 | 增减百分比 |
|---|---|---|---|
| 一、经营活动产生的现金流量： | | | |
| 销售商品、提供劳务收到的现金 | 1247525 | 1342737 | 7.6% |
| 收到的税费返还 | 210483 | 229500 | 9.0% |
| 现金流入小计 | 1458008 | 1572237 | 7.8% |
| 购买商品、接受劳务支付的现金 | 1128048 | 1227400 | 8.8% |
| 支付给职工以及为职工支付的现金 | 38000 | 40000 | 5.3% |
| 支付的各项税费 | 262750 | 280617 | 6.8% |
| 支付的其他与经营活动有关的现金 | 17200 | 18000 | 4.7% |
| 现金流出小计 | 1445998 | 1566017 | 8.3% |
| 经营活动产生的现金流量金额 | 12010 | 6220 | -48.2% |

财务报表分析与应用

续　表

| 项目 | 2012 年 | 2013 年 | 增减百分比 |
|---|---|---|---|
| 二、投资活动产生的现金流量： | | | |
| 收回投资所收到的现金 | 7830 | 8250 | 5.4% |
| 取得投资收益所收到的现金 | 3890 | 4025 | 3.5% |
| 处置固定资产收到的现金净额 | 865 | 750 | −13.3% |
| 现金流入小计 | 12585 | 13025 | 3.5% |
| 购建固定资产支付的现金 | 67511 | 114900 | 70.2% |
| 投资所支付的现金 | 90000 | 10000 | 11.1% |
| 现金流出小计 | 76511 | 124900 | 29.4% |
| 投资活动产生的现金流量净额 | −63926 | −111875 | −75.0% |
| 三、筹资活动的现金流量： | | | |
| 吸收投资所收到的现金 | 23000 | 25000 | 8.7% |
| 借款所收到的现金 | 90000 | 150000 | 66.7% |
| 收到的其他与筹资活动有关的现金 | 3000 | 5000 | 66.7% |
| 现金流入小计 | 116000 | 180000 | 55.2% |
| 偿还债务所支付的现金 | 20500 | 21200 | 3.4% |
| 分配股利、利润或偿付利息所支付的现金 | 22350 | 25250 | 13.0% |
| 现金流出小计 | 42850 | 46450 | 8.4% |
| 筹资活动产生的现金流量净额 | 73150 | 133550 | 82.6% |
| 四、汇率变动对现金的影响 | 0 | 0 | 0 |
| 五、现金及现金等价物净增加额 | 21234 | 27895 | 31.4% |

从表 4-8 的计算结果可以看出：

（1）该公司 2013 年度经营活动产生的现金流入、流出量均比上年有所增加，但流出量的增长幅度要略大于流入量的增长幅度，致使经营活动现金流量净额降低了 48.2%。应进一步查明现金流出相对增长过快的原因，及时对各项开支加以严格控制，加快应收账款的回收速度，以防止经营活动现金流量净额的进一步下降。

（2）该公司 2013 年度投资活动现金流出量的增长幅度明显高于流入量的增长幅度，企业投资活动产生的现金流量净额呈现负增长趋势，说明企业投资规模有了新的扩张。其中购建固定资产支出增长较为明显，说明该公司本期注重基本建设投资，故可预测未来期的市场前景看好，刺激了公司的投资欲望，因而有可能带来新的利润增长机会。但应保证投资期限与筹资期限的相互匹配，否则有可能造成财务风险的增加。

（3）该公司 2013 年度筹资活动产生的现金流入量有大幅增加，这主要是投资活动对现金的大量需求的结果。其中大部分的资金通过举债筹集，因此应关注公司的偿债能力，下期应适当扩展新的筹资渠道,以降低财务风险。本期筹资活动产生的现金流出量变化幅度不大,这主要是因为偿还债务以及支付利息等项支出与其相关的筹资活动相比,具有一定的滞后性。

## 二、现金流量表的主要分析指标

### (一)偿债能力分析

所谓流动性是指公司短期债务的偿还能力。根据资产负债表数据计算的流动性比率有很大局限性,主要是因为:作为流动资产主要成分的存货并不能很快转变为可偿债的现金;存货用历史成本计价不能反映变现价值;流动资产中的待摊费用也不能转变为现金。许多公司有大量的流动资产,但现金支付能力却很差,甚至无力偿债而破产清算。真正能用以偿还债务的是现金,所以只有现金比率才能很好地衡量公司的流动性。

#### 1. 经营现金流量流动负债比

经营现金流量流动负债比反映经营活动产生的现金对流动负债的保障程度。因为企业能够用来偿还债务的除借新债还旧债外,一般应当是经营活动的现金流入才能还债,所以该指标是企业一定时期的经营现金净流量同流动负债的比率,它可以从现金流量角度来反映企业当期偿付短期负债的能力。

$$现金流动负债比 = \frac{经营活动现金净流量}{流动负债}$$

经营活动现金流量净额与流动负债之比,这个指标是债权人非常关心的指标,它反映企业偿还短期债务的能力,是衡量企业短期偿债能力的动态指标。一般该指标大于1,表示企业流动负债的偿还有可靠保证。该指标越大,表明企业经营活动产生的现金净流量越大,越能保障企业按期偿还到期债务,但也并不是越大越好,该指标过大则表明企业流动资金利用不充分,赢利能力不强。

【例4-1】 A公司的现金流量表显示经营活动现金净流量为113796元,资产负债表中流动负债合计是371951元,则:

$$现金流动负债比 = \frac{113796}{371951} = 0.31$$

说明A公司的即期偿债能力较弱。

#### 2. 现金债务总额比

现金债务总额比是经营活动现金净流量总额与期末债务总额的比率。该指标旨在衡量企业承担债务的能力,是评估企业中长期偿债能力的重要指标,同时它也是预测企业破产的可靠指标。这一比率越高,企业承担债务的能力越强,破产的可能性越小。这一比率越低,企业财务灵活性越差,破产的可能性越大。

$$现金债务总额比 = \frac{经营活动现金净流量}{债务总额}$$

经营活动现金流量净额与企业总债务之比,反映企业用经营活动中所获现金偿还全部债务的能力,比率越高,说明偿还全部债务的能力越强。

【例4-2】 某企业负债总额是23000万元,经营净现金流量是6600万元。则:

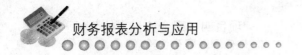

$$现金债务总额比 = \frac{6600}{23000} = 0.29$$

说明企业获得的现金偿还全部债务的能力较弱。

以上两个比率值越大，表明企业偿还债务的能力越强。但是并非这两个比率值越大越好，这是因为现金的收益性较差，若现金流量表中"现金增加额"项目数额过大，则可能是企业现在的生产能力不能充分吸收现有资产，使资产过多地停留在赢利能力较低的现金上，从而降低了企业的获利能力。

这需要说明一点，就是在这里分析偿债能力时，没有考虑投资活动和筹资活动产生的现金流量。因为企业是以经营活动为主，投资活动与筹资活动作为不经常发生的辅助理财活动，其产生的现金流量占总现金流量的比例较低，而且如果企业经营活动所取得的现金在满足了维持经营活动正常运转所必须发生的支出后，其节余不能偿还债务，还必须向外筹措资金来偿债的话，这说明企业已经陷入了财务困境，很难筹措到新的资金。即使企业向外筹措到新的资金，但债务本金的偿还最终还取决于经营活动的现金流量。

（二）支付能力分析

所谓支付能力，是指公司除了用现金偿还债务外，用现金来支付其他各项开支，如购买原材料、支付职工工资、支付税金、支付各种经营费用、支付对内投资和对外投资、支付投资者股利等支出的能力。对公司的经营者来说，公司的支付能力是做出筹资和投资决策的最重要的依据。

1. 现金满足投资比率

现金满足投资比率，本指标属于财务弹性分析比率，表明企业经营产生的现金满足资本支出与存货增加和发放现金股利的能力，其值越大越好。比率越大，资金自给率越高。

$$现金满足投资比率 = \frac{近五年累计经营活动现金净流量}{同期内的资本支出 + 存货增加 + 现金股利}$$

该比率越大，说明企业资金自给率越高，企业发展能力越强。如果现金满足投资比率大于或等于1，表明企业经营活动所形成的现金流量足以应付各项资本性支、存货增加和现金股利的需要，不需要对外筹资；若该比率小于1，说明企业来自经营活动的现金不足以供应目前营运规模和支付现金股利的需要，不足的部分需要靠外部筹资补充。如果一个企业的现金满足投递比率长期小于1，则其理财政策没有可持续性。该指标的参考标准值是0.8。

2. 现金股利保障倍数

现金股利保障倍数是指经营活动净现金流量与现金股利支付额之比。支付现金股利率越高，说明企业的现金股利占结余现金流量的比重越小，企业支付现金股利的能力越强。

$$现金股利保障倍数 = \frac{经营活动现金净流量}{现金股利}$$

该指标属于财务弹性分析比率，表明企业用年度正常经营活动所产生的现金净流量来支付股利的能力，比率越大，表明企业支付股利的现金越充足，企业支付现金股利的能力也就越强。

该指标还体现支付股利的现金来源及其可靠程度，是对传统的股利支付率的修正和补充。由于股利发放与管理当局的股利政策有关，因此，该指标对财务分析只起参考作用。由于我国很多公司（尤其是 ST 公司）根本不支付现金股利，导致这一指标的分母为 0，所以在预测我国上市公司财务危机时该指标可不作考虑。

（三）获现能力分析

获取现金能力，是指经营现金净流入和投入资源的比值，投入资源可以是销售收入、总资产、净资产、股本等指标。传统的财务报表分析对公司获利能力的评价指标一般为与利润或利税相关的指标，如销售利润率、成本费用利润率等。但是由于利润的计算受诸多主观估计、判断等人为因素以及利润平稳化等传统心理的影响，使得以利润为基础计算的获利能力比率缺乏客观性、可靠性，而现金流量表则在很大程度上弥补了权责发生制的不足，获取现金的实际数量能够很好地说明公司经营的实际效果。

1. 主营业务收现比率

主营业务收现比率反映了企业主营业务收入背后现金流量的支持程度。该指标越高，说明企业当期收入的变现能力越强。反之，说明企业当期账面收入高，而实际现金收入低，有很大一部分形成了应收账款，此时，会计信息使用者有必要关注其债权资产的质量。

$$主营业务收现比率 = \frac{销售商品、提供劳务收到的现金}{主营业务收入}$$

该指标大于 1，本期收到的销货现金大于本期的销货收入，说明企业当期的销货全部变现，而且又收回了部分前期的应收账款，这种状况应当与应收账款的下降相对应。

该指标等于 1，企业的销货收到的现金与本期的销售收入基本一致，说明企业的销货没有形成挂账，资金周转良好。

该指标小于 1，本期销货收到的现金小于当期的销货收入，说明账面收入高，而变现收入低，应收账款挂账增多，必须关注其债权资产的质量。

2. 销售现金比率

销售现金比率是指企业经营活动现金流量净额与企业销售额的比值。该比率反映每 1 元销售收入得到的现金流量净额，其数值越大越好，表明企业的收入质量越好，资金利用效果越好。

$$销售现金比率 = \frac{经营活动现金净流量}{销售收入}$$

注意销售收入包括会计中的销售收入和应向购买者收取的增值税进项税额。其计算结果要与过去相比，与同业相比才能确定高与低。一般企业设置的标准值为 0.2。该指标反映企业销售质量的高低，与企业的赊销政策有关。如果企业有虚假收入，也会使该指标过低。

【例 4-3】 A 公司的销售额为 4000 万元，经营活动现金净流入为 1000 万元，则公司的销售现金比率 = 1000 ÷ 4000 = 0.25。说明每销售 1 元，可得到现金 0.25 元。

其数值越大，表示销售收入变现能力高，资金回收快，公司可运作资金充盈。

### 3. 全部资产现金回收率

全部资产现金回收率是经营现金净流量与全部资产的比率。该指标旨在考评企业全部资产产生现金的能力，该比值越大越好。

$$全部资产现金回收率 = \frac{经营现金净流量}{资产平均额} \times 100\%$$

比值越大说明资产利用效果越好，利用资产创造的现金流入越多，整个企业获取现金能力越强，经营管理水平越高。反之，则经营管理水平越低，经营者有待提高管理水平，进而提高企业的经济效益。把上述公式求倒数，则可以分析，全部资产用经营活动现金回收需要的期间长短。因此，这个指标体现了企业资产回收的含义。回收期越短，说明企业资产的获现能力越强。

【例 4-4】 B 公司经营活动现金净流量为 5716.5 万元，全部资产总额为 85000 万元，则：

全部资产现金回收率 = 5716.5÷85000×100% = 6.73%

如果同行业平均全部资产现金回收率为 7%，说明 A 公司资产产生现金的能力较弱。

### 4. 每股现金流

每股现金流量是指企业在不动用外部筹资的情况下，用自身经营活动产生的现金偿还贷款、维持生产、支付股利以及对外投资的能力，它是一个评估每股收益"含金量"的重要指标。

$$每股现金流量 = \frac{现金净流量 - 优先股股利}{普通股股数}$$

每股现金流一般为正数，如果为负数，则代表公司资金状况堪忧（尽管此时利润表数字可能为赢利），如果现金流太多，则表示公司资产过多存于银行，银行存款是最没有赢利能力的资产，每股现金流过多则表明公司资产利用率低下。

【例 4-5】 A 公司年末现金净流量为 1887.6295 万元，优先股股利为零，普通股股数为 8600 万股，那么：

$$每股现金流量 = \frac{1887.6295 \ 万元}{8600 \ 万股} = 0.22（元/股）$$

### 5. 每股经营现金流

每股经营现金流量是反映每股发行在外的普通股票所平均占有的现金流量，或者说是反映公司为每一普通股获取的现金流入量的指标。

$$每股经营现金流 = \frac{经营现金净流量}{普通股股数}$$

每股经营现金流是最具实质的财务指标，其用来反映该公司的经营流入的现金的多少，如果一个公司的每股收益很高或者每股未分配利润也很高，如果现金流差的话，意味该上市公司没有足够的现金来保障股利的分红派息，那只是报表上的数字而已，没有实际的意义。

每股经营现金流是每股现金流的组成部分之一。两者名称相似，但所代表的意思却是截然不同的。

假如有的上市公司正处于快速扩张阶段，它需要把卖产品收回来的现金继续投入，而且仅靠自己经营发展得来的现金还不够,还必须抓紧各种机会融资,抢占市场规模,这才会出现现金流为负的情况,这种情况是良性的,不需要担心(房地产行业最能说明这一点)。

正常情况下,如果每股现金流为负,则是比较令人担心的了,因为公司的资金链随时会断裂,经营状况随时会恶化,要非常小心;而每股经营现金流为负却不一定会有什么大问题,这是需要区别对待的,一家公司的财务状况如何,必须两者组合才会判断准确。

### (四)收益质量分析

收益质量是指会计报表收益同公司业绩之间相关性。如果收益能如实反映公司的业绩,则认为收益的质量好;如果收益不能很好地反映公司业绩,则认为收益的质量不好。

#### 1. 现金营运指数

现金营运指数是指经营现金净流量与经营所得现金的比值。经营所得现金等于经营净收益加上各项折旧、减值准备等非付现费用,经营现金净流量等于经营所得现金减去应收账款、存货等经营性营运资产净增加。

$$现金营运指数=\frac{经营现金净流量}{经营所得现金}$$

$$=\frac{经营所得现金-经营性营运资产净增加}{经营所得现金}$$

现金营运指数是反映企业现金回收质量、衡量风险的指标,指反映企业经营活动现金流量与企业经营所得现金(经营现金毛流量)的比值。理想的现金营运指数应为1。

【例4-6】　某公司2013年度净利润为1000万元,计提的各项资产减值准备共计400万元,提取的固定资产折旧为300万元,处置固定资产的收益20万元,财务费用(借款利息)15万元,投资收益24万元,存货增加30万元,经营性应收项目增加38万元,经营性应付项目增加52万元,所得税率为25%。则:

经营所得现金=1000+(400+300)-(20-15+24)×(1-25%)

　　　　　　=1678.25(万元)

经营性营运资产净增加=30+38-52=16(万元)

$$现金营运指数=\frac{1678.25-16}{1678.25}=0.99$$

现金营运指数是反映企业现金回收质量、衡量现金风险的指标。理想的现金营运指数应为1,小于1的现金营运指数反映了公司部分收益没有取得现金,而是停留在实物或债权形态,而实物或债权资产的风险远大于现金。现金营运指数越小,以实物或债权形式存在的收益占总收益的比重越大,收益质量越差。

#### 2. 净利润营运指数

净利润营运指数是指经营净利润与全部净利润的比值。通过与该指标的历史指标比较和行业平均指标比较,可以考察一个公司的收益质量情况。如果一个公司虽然利润总额在不断上升,但是经营性利润比重呈逐年下降的趋势,非经营利润的比重呈逐年加大的趋势,其实这已经是净利润质量越来越差的征兆了。与净利润营运指数类似的,还有营业利润比重指标,它反映营业利润占利润总额的比重。

$$净利润营运指数=\frac{经营净利润}{净利润}=\frac{净利润-非经营净利润}{净利润}$$

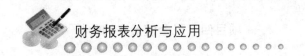

如果营运指数小于 1,说明一部分收益尚没有取得现金,停留在实物或债权形态,而实物或债权资产的风险大于现金,因为应收账款是否足额变现是不确定的,存货也有贬值的风险,所以未收现的收益质量远低于已收现的收益。

**【例 4-7】** 以表 4-3 现金流量表补充资料里的数据为例。

2013 年 ABC 公司的净利润为 103572 元,非经营净利润是处置固定资产的收益 2250 元和财务费用 6200 元。则 ABC 公司的非经营净利润是 8450 元。

$$利润营运指数 = \frac{净利润 - 非经营净利润}{净利润} = \frac{103572 - 8450}{103572} = 0.92$$

ABC 公司的净利润营运指数是 0.92,说明公司的一部分利润并没有收取现金,而是以实物或债权的形式存在。

通过对现金流量表的分析我们可以看到,现金流量表是对资产负债表和利润表很重要的补充,它弥补了资产负债表和利润表的不足。财务分析者在进行分析时不仅要注重对单个报表的分析,还要对整个财务报告进行综合分析,才能进一步看清企业的整体财务情况。

表 4-9 现金流量表财务分析指标小结

| 序号 | 分析指标 | | 计算公式 | 分析与评价 |
|---|---|---|---|---|
| 1 | 偿债能力指标 | 经营现金流动债务比 | 经营现金净流量/流动负债 | 本指标比例越高,表明企业偿还短期债务的能力越强 |
| 2 | | 现金债务总额比 | 经营现金净流量/债务总额 | 本指标比率越高,表明企业偿还全部债务的能力越强 |
| 3 | 支付能力指标 | 现金满足投资比率 | 近五年累计经营活动现金净流量/（同期内的资本支出+存货增加+现金股利） | 本指标数值越大越好,比率越大,资金自给率越高 |
| 4 | | 现金股利保障倍数 | 经营活动现金净流量/现金股利 | 本指标数值比率越大,表明企业支付股利的现金越充足,企业支付现金股利的能力也就越强 |
| 5 | 获现能力指标 | 主营业务收入收现比率 | 销售商品、提供劳务收到的现金/主营业务收入 | 本指标比率应接近或稍高于 1,表明企业收现能力强,基本不存在应收款 |
| 6 | | 销售现金比率 | 经营现金净流量/销售收入 | 本指标应等于或稍高于销售利润率,比率越高,反映销售收入获得的现金越多 |
| 7 | | 全部资产现金回收率 | 经营现金净流量/资产平均额 | 本指标比率越高,反映企业资产的利用效益越好 |
| 8 | | 每股现金流 | 现金净流量/普通股股数 | 本指标比率越高,表明企业资金越充裕 |
| 9 | | 每股经营现金流 | 经营现金净流量/普通股股数 | 本指标比率越高,表明企业赢利能力和派股能力越强 |

续　表

| 序号 | 分析指标 | | 计算公式 | 分析与评价 |
|---|---|---|---|---|
| 10 | 收益质量指标 | 现金营运指数 | 经营现金净流量/经营所得现金 | 本指标指数越小，以实物或债权形式存在的收益占总收益的比重越大，收益质量越差 |
| 11 | | 净利润营运指数 | （净利润－非经营净利润）/净利润 | 本指标小于1，说明一部分收益尚没有取得现金，停留在实物或债权形态，而实物或债权资产的风险大于现金 |

**重要名词中英文对照**

| | |
|---|---|
| 现金流量表 | Statement of cash flows |
| 经营活动现金流量 | Cash flow from operating activites |
| 现金债务总额比 | Cash debt coverage ratio |
| 现金满足投资比率 | Cash flow adequancy ratio |
| 每股经营现金流 | Per share cash flow from operations |
| 每股现金流 | Cash flow per share |
| 净收益营运指数 | Operating profit to net income ratio |

**实训项目**

项目一

【训练目的】掌握现金流量表分析应具备的基本知识。

【训练要求】以下各题只有一个正确选项，请将正确的选项填在括号内。

1. （　　）产生的现金流量最能反映企业获取现金的能力。

A. 投资活动　　　　　　　　　　B. 经营活动

C. 筹资活动　　　　　　　　　　D. 以上各项均是

2. 确定现金流量的计价基础是（　　）。

A. 权责发生制　　　　　　　　　B. 应收应付制

C. 收付实现制　　　　　　　　　D. 收入费用配比制

3. 支付现金股利比率是以（　　）除以现金股利。

A. 本期投资活动净现金流量　　　B. 本期筹资活动净现金流量

C. 本期经营活动净现金流量　　　D. 本期现金及现金等价物净增加额

4. 下列关于经营活动现金净流量整体质量分析表述错误的是（　　）。

A. 经营活动现金净流量小于零是最糟糕的情况，经营中"入不敷出"

B. 经营活动现金净流量等于零意味着经营过程中的现金"收支平衡"，这种情况对企业发展是较好的

C. 经营活动现金净流量大于零意味着企业生产经营比较正常，具有"自我造血"

功能

D. 经营活动现金净流量大于零且能够补偿当期发生的非付现成本意味企业可以抽出长期资金进行投资，从而增加企业的竞争能力

5. 现金流量利息保障倍数反映企业用当期经营活动带来的现金流量支付当期利息的能力。该指标的分子是（　　　）。

A. 经营活动现金净流量

B. 经营活动现金净流量＋现金所得税支出

C. 经营活动现金流量＋现金利息支出

D. 经营活动现金净流量＋现金所得税支出＋现金利息支出

6. 对于一个健康的、正在成长的公司来说，（　　　）。

A. 经营活动现金净流量一般应大于零　　B. 投资活动的现金流量一般应大于零

C. 筹资活动的现金流量一般应大于零　　D. 经营活动现金净流量一般应小于零

7. 下列选项中，属于经营活动产生的现金流量是（　　　）。

A. 购置固定资产收回的现金净额　　　　B. 分配股利所支付的现金

C. 借款所收到的现金　　　　　　　　　D. 购买商品支付的现金

8. 下列财务指标中，不能反映企业获取现金能力的是（　　　）。

A. 现金流量与当期债务比　　　　　　　B. 每元销售现金净流入

C. 每股经营现金流量　　　　　　　　　D. 全部资产现金回收率

9. 支付利息将使现金流量表中（　　　）

A. 经营活动现金净流量增加　　　　　　B. 经营活动现金流出量增加

C. 筹资活动现金净流量增加　　　　　　D. 筹资活动现金流出量增加

10. 下列现金流量比率中，最能够反映赢利质量的指标是（　　　）。

A. 现金毛利率　　　　　　　　　　　　B. 现金充分性比率

C. 流动比率　　　　　　　　　　　　　D. 盈余现金保障倍数

项目二

【训练目的】掌握现金流量表分析应具备的基本知识。

【训练要求】以下各题有多个正确选项，请将正确的选项填在括号内。

1. 下列经济事项中，不能产生现金流量的有（　　　）。

A. 出售固定资产　　　　　　　　　　　B. 企业从银行提取现金

C. 投资人投入现金　　　　　　　　　　D. 将库存现金送存银行

E. 企业用现金购买将于3个月内到期的国库券

2. 现金流量结构分析的目的有（　　　）。

A. 了解现金主要来自哪里　　　　　　　B. 了解各类现金的变动及其差异

C. 了解现金主要用往何处　　　　　　　D. 了解影响现金变动的因素及其变动程度

E. 了解现金及现金等价物净增加额的构成情况

3. 下列项目，财务分析人员应重点关注的经营活动现金流量是（　　　）。

A. 销售商品、提供劳务收到的现金　　　B. 收到其他与经营活动有关的现金

C. 偿还债务支付的现金　　　　　　　　D. 支付的其他与经营活动有关的现金

E. 购买商品、接受劳务支付的现金

4. 下列关于现金流量表的表述错误的是（　　）。

A. 现金流量表是反映企业一定会计期间现金和现金等价物流入和流出的报表

B. 现金流量表将企业一定期间产生的现金流量分为经营活动现金流量、投资活动现金流量和筹资活动现金流量

C. 现金流量表中的现金包括现金、银行存款和其他货币资金

D. 间接法便于分析企业经营活动产生的现金流量的来源和用途，预测企业现金流量的未来前景

E. 直接法便于了解净利润与经营活动产生的现金流量差异的原因，从现金流量的角度分析净利润的质量

5. 下列各项活动中，属于筹资活动产生的现金流量项目有（　　）。

A. 以现金偿还债务的本金　　　　　B. 支付现金股利

C. 支付借款利息　　　　　　　　　D. 发行股票筹集资金

E. 收回长期债权投资本金

6. 一项投资被确认为现金等价物必须同时具备的条件有（　　）。

A. 持有期限短　　　　　　　　　　B. 流动性强

C. 易于转换为已知金额现金　　　　D. 价值变动风险小

E. 收益能力强

7. 在下列资产负债表项目中，属于筹资活动结果的有（　　）。

A. 短期借款　　　　　　　　　　　B. 长期投资

C. 长期借款　　　　　　　　　　　D. 应收账款

E. 留存收益

8. 从经营活动现金流量调整为净利润，应调减的项目有（　　）。

A. 流动负债减少　　　　　　　　　B. 投资损失

C. 不减少现金费用　　　　　　　　D. 非现金流动资产的减少

E. 固定资产折旧

9. 属于筹资活动现金流量的项目有（　　）。

A. 短期借款的增加　　　　　　　　B. 支付给职工的现金

C. 或有收益　　　　　　　　　　　D. 分配股利所支付的现金

E. 取得债券利息收入

10. 下列项目中，属于现金流入项目的有（　　）。

A. 经营成本节约额　　　　　　　　B. 回收垫支的流动资金

C. 建设投资　　　　　　　　　　　D. 固定资产残值变现收入

E. 营业收入

项目三

【训练目的】掌握现金流量表分析的基本方法。

【训练要求】阅读报表完成相关分析。

某公司 2012 年的现金净流量相关资料如表 4-10 所示。

表 4 - 10 　　　　　　　　　　　2012 年现金流量表（简表）

编制单位：某公司　　　　　　　　　　　　　　　　　　　　　　　单位：万元

| 项目 | 2012 年 |
|---|---|
| 经营活动产生的现金流量净额 | 886 |
| 投资活动产生的现金流量净额 | −456 |
| 筹资活动产生的现金流量净额 | −120 |
| 汇率变动对现金的影响额 | 0 |
| 现金及现金等价物净增加额 | 310 |

另外该公司 2012 年的实现利润 2800 万元，所得税税率为 40%，非经营性净利润 200 万元。要求：

（1）根据上述资料分别计算经营现金流动负债比，从现金净流量的组成观察分析该公司所处的偿债能力。

（2）根据上述资料计算现金股利保障倍数，并分析该公司的支付能力。

（3）根据上述资料计算净利润营运指数，并对该公司的净收益质量进行分析评价。

项目四

【训练目的】掌握现金流量表分析的基本方法。

【训练要求】根据相关数据完成财务分析。

马琳是一家商业银行的信贷员，他正在对两家申请贷款的公司进行比较，并期望在评价这两家公司时得到你的帮助。这两家公司分别是莫利斯公司和奥尔克公司，它们的规模相似，而且 2008 年的期初现金余额大致相同。由于三年内的现金流量总额几乎相同，因此就公司作为贷款申请人的吸引力而言，马琳倾向于对两家公司有相同的评价。

莫利斯公司和奥尔克公司的简略信息如表 4 - 11 所示：

表 4 - 11 　　　　　　　莫利斯公司和奥尔克公司现金流量对比表 　　　　　单位：百万元

| 项目 | 莫利斯公司 | | | 奥尔克公司 | | |
|---|---|---|---|---|---|---|
| | 2008 年 | 2009 年 | 2010 年 | 2008 年 | 2009 年 | 2010 年 |
| 经营活动产生的现金净流量 | 10 | 13 | 15 | 8 | 3 | −2 |
| 投资活动产生的现金净流量 | −5 | −8 | −10 | −7 | −5 | 8 |
| 筹资活动产生的现金净流量 | 8 | −3 | 1 | 12 | 4 | 0 |
| 所有活动的现金净流量 | 13 | 2 | 6 | 13 | 2 | 6 |

要求：

（1）你是否同意马琳的初步评价，即作为贷款申请人，这两家公司的实力大致相当？为什么？

（2）造成奥尔克 2010 年筹资活动产生的现金流净量为零的原因可能是什么？

（3）总的来说，企业在不同的发展阶段，其健康的现金流量具有什么特征？即经营活动现金流量、投资活动现金流量、筹资活动现金流量的正负一般可能存在什么规律？对于评价贷款申请人过程中现金流量表的使用，你将给马琳什么建议？

## 科龙事件

根据科龙公布的年报显示，2000年科龙全年巨亏达8.3亿元，2001年更是达到14.76亿元，转眼到了2002年居然实现净利1亿元。如此巨大的反差之下，隐藏的是并不少见的利润大清洗的财务手段，即2002年的扭亏的巨大"贡献"来自2001年的巨亏。科龙2001年费用总额21亿元之巨，2002年仅为9亿元，扭亏之术可见一斑。当然，如此扭亏为盈是建立在存货跌价准备计提比例的大幅变化与应收账款坏账准备的计提的变化。

2006年7月16日，中国证监会对广东科龙电器股份有限公司及其责任人的证券违法违规行为做出行政处罚与市场永久性禁入决定。这是新的《证券市场禁入规定》自2006年7月10日施行以来，证监会做出的第一个市场禁入处罚。本文拟通过分析科龙电器违法违规行为中的会计审计问题，讨论其带给我们的思考和启示。

### （一）科龙财务舞弊手法分析

事实证明，顾雏军收购科龙后，公司的经营状况并无明显改善，净利润的大起大落属于人为调控，"扭亏神话"原来靠的是做假账。

1. 利用会计政策，调节减值准备，实现"扭亏"

科龙舞弊手法之一：虚构主营业务收入、少计坏账准备、少计诉讼赔偿金等编造虚假财务报告。经查，在2002—2004年的3年间，科龙共在其年报中虚增利润3.87亿元（其中，2002年虚增利润1.1996亿元，2003年虚增利润1.1847亿元，2004年虚增利润1.4875亿元）。

仔细分析，科龙2001年中报实现收入27.9亿元，净利1975万元，可是到了年报，则实现收入47.2亿元，净亏15.56亿元。科龙2001年下半年出现近16亿元巨额亏损的主要原因之一是计提减值准备6.35亿元。2001年的科龙年报被审计师出具了拒绝表示意见。到了2002年，科龙转回各项减值准备，对当年利润的影响是3.5亿元。可有什么证据能够证明其巨额资产减值计提及转回都是"公允"的？如果2001年没有计提各项减值准备和广告费用，科龙电器2002年的扭亏为盈将不可能；如果没有2001年的计提和2002年的转回，科龙电器在2003年也不会赢利。按照现有的退市规则，如果科龙电器业绩没有经过上述财务处理，早就被"披星戴帽"甚至退市处理了。可见，科龙电器2002年和2003年根本没有赢利，ST科龙扭亏只是一种会计数字游戏的结果。

2. 虚增收入和收益

科龙舞弊手法之二：使用不正当的收入确认方法，虚构收入，虚增利润，粉饰财务报表。经查，2002年科龙年报中共虚增收入4.033亿元，虚增利润近1.2亿元。其具体手法主要是通过对未出库销售的存货开具发票或销售出库单并确认为收入，以虚增年报的主营业务收入和利润。根据德勤会计师事务所的报告，科龙电器 2004 年第四季度有高达 4.27 亿元的销售收入没有得到验证，其中向一个不知名的新客户销售就达 2.97 亿元，而且到 2005 年 4 月 28 日审计时仍然没有收回。此后的 2003 年和 2004 年，同样是在顾雏军和格林柯尔的操纵下，科龙年报又分别虚增收入 3.048 亿元和 5.127 亿元，虚增利润 8935 万元和 1.2 亿元。这意味着在顾雏军入主科龙之后所出具过的 3 份公司年报都存在财务造假，将不曾实现的销售确认为当期收入。

　　3. 利用关联交易转移资金

　　科龙舞弊手法之三：利用关联交易转移资金。经查，科龙电器 2002—2004 年未披露与格林柯尔公司共同投资、关联采购等关联交易事项，2000—2001 年未按规定披露重大关联交易，2003 年、2004 年科龙公司年报也均未披露使用关联方巨额资产的事项。

　　顾雏军入主科龙不久便开始在各地疯狂收购或新设控股子公司，通过收购打造的"科龙系"主要由数家上市公司和各地子公司构成。到案发时，科龙已有 37 家控股子公司、参股公司、28 家分公司。由顾雏军等在境内外设立的私人公司所组成的"格林柯尔系"在国内亦拥有 12 家公司或分支机构。此间"科龙系"与"格林柯尔系"公司之间发生资金的频繁转换，共同投资和关联交易也相当多。科龙公司在银行设有 500 多个账户都被用来转移资金。在不到 4 年的时间里，"格林柯尔系"有关公司涉嫌侵占和挪用科龙电器财产的累计发生额为 34.85 亿元。

　　如此看来，对于格林柯尔而言，科龙只是一个跳板，它要做的是借科龙横向并购，利用科龙的营销网络赚取利润。顾雏军把国内上市公司科龙当作"提款机"，一方面以"科龙系"公司和"格林柯尔系"公司打造融资和拓展平台为由，通过众多银行账户，频繁转移资金，满足不断扩张的资本需求，采用资本运作通过错综复杂的关联交易对科龙进行盘剥，掏空上市公司；另一方面又通过财务造假维持科龙的利润增长。

### （二）科龙审计报告透视

　　科龙财务造假该打谁的板子？为其提供审计服务的会计师事务所自然难脱干系。2002 年之前，科龙的审计机构是安达信，2001 年，ST 科龙全年净亏 15 亿多元，当时的安达信"由于无法执行满意的审计程序以获得合理的保证来确定所有重大交易均已被正确记录并充分披露"给出了拒绝表示意见的审计报告。2002 年，安达信因安然事件颠覆后，其在我国内地和香港地区的业务并入普华永道，普华永道对格林柯尔和科龙这两个"烫手山芋"采取了请辞之举。之后，德勤走马上任，为科龙审计了 2002—2004 年的年报。在对 ST 科龙 2002 年年报进行审计时，德勤认为"未能从公司管理层获得合理的声明及可信赖的证据作为其审计的基础，报表的上年数与本年数也不具有可比性"，所以出具了"保留意见"审计报告。此前安达信曾给出过拒绝表示意见的审计报告，在 2001 年年末科龙整体资产价值不确定的情况下，德勤 2002 年给出"保留意见"的审计报告显得有些牵强。在此基础上，2003 年德勤对科龙 2003 年的年报出具了无保留意见审计报告。2004 年德勤对科龙出具了保留意见审计报告。尽管在 2004 年年报披露之后德勤也宣布辞去科龙的审计业务，但它此前为科龙 2003 年年报出具的无保留意见审计报告，为 2002 年、2004 年年报出具的保留意见审计报告并没有撤回，也没有要求公司进行报表重述。既然科龙被证实有重大错报事实，德勤显然难以免责。据媒体透露，证监会基本完成了对德勤的调查，德勤对科龙审计过程中存在的主要问题包括：审计程序不充分、不适当，未发现科龙现金流量表重大差错等。

第一，在执行审计程序等方面，德勤的确出现了严重纰漏，对科龙电器的审计并没有尽职。例如，证监会委托毕马威所做的调查显示：2001年10月1日至2005年7月31日期间，科龙电器及其29家主要附属公司与"格林柯尔系"公司或疑似"格林柯尔系"公司之间进行的不正常重大现金流出总额约为40.71亿元，不正常的重大现金流入总额约为34.79亿元，共计75.5亿元。而这些在德勤3年的审计报告中均未反映。《中华人民共和国注册会计师法》规定，注册会计师执行审计业务，必须按照执业准则、规则确定的工作程序出具报告。注册会计师出具无保留意见审计报告的条件之一，即须认为会计报表公允地反映了企业的现金流量。根据《独立审计具体准则第7号——审计报告》第18条规定，意味着德勤认为科龙2002年、2003年、2004年度的现金流量表是公允的。

第二，德勤对科龙电器各期存货及主营业务成本进行审计时，直接按照科龙电器期末存货盘点数量和各期平均单位成本确定存货期末余额，并推算出科龙电器各期主营业务成本。在未对产成品进行有效测试和充分抽样盘点的情况下，德勤通过上述审计程序对存货和主营业务成本进行审计并予以确认，其审计方法和审计程序均不合理。

第三，德勤在存货抽样盘点过程中缺乏必要的职业谨慎，确定的抽样盘点范围不适当，审计程序不充分。德勤在年报审计过程中实施抽样盘点程序时，未能确定充分有效的抽样盘点范围，导致其未能发现科龙电器通过压库方式确认虚假销售收入的问题。存货监盘也是一项重要的审计程序，如果进行账实相符核查，科龙虚增的主营业务利润其实并不难发现。

第四，科龙销售收入确认问题，体现出德勤未能恰当地解释和应用会计准则，同时这也说明德勤未能收集充分适当的审计证据。收入的确认应该以货物的风险和报酬是否转移为标准，一般来说仅以"出库开票"确认收入明显不符合会计准则。如果一项销售行为不符合收入确认原则，就不应确认为收入。未曾实现的销售确认为当期收入必然导致利润虚增。对较敏感的"销售退回"这一块，德勤也没有实施必要的审计程序，致使科龙通过关联交易利用销售退回大做文章，转移资产，虚增利润，这也是德勤所不能回避的错误。

第五，德勤审计科龙电器分公司时，没有对各年未进行现场审计的分公司执行其他必要审计程序，无法有效确认其主营业务收入实现的真实性及应收账款等资产的真实性。科龙有很多分公司、子公司，组织结构相当复杂。按照审计准则，会计师事务所应根据审计风险，即审计重要性水平来确认每年对哪些分公司进行现场审计。

（三）思考与启示

对于科龙财务造假，中国证监会已做出处罚决定，但其引发的相关问题令人深思，主要有以下几点。

1. 科龙财务造假根源何在

科龙财务造假的根源仍然是公司治理结构问题。2001年，科龙实施产权制度改革，通过股权转让引入格林柯尔实现了民营化重组，其初衷是希望民营资本的介入能够打开产权之结，改善公司治理。现在看来，在顾雏军的把持下，科龙的内部人控制现象不但没有改善，反倒被强化了。几年来公司的会计数字游戏、关联交易以及公司资金被"掏空"等一系列恶性事件，再次凸显其公司治理结构存在的问题。从表面上看，科龙已形成股东大会、董事会、监事会之间的权力制衡机制，但实质上公司治理仍存在严重缺陷。顾雏军利用其对公司的超强控制力，以其他股东的利益为代价为格林柯尔谋利，导致科龙陷入新的危机。公司的独立董事制度也是名存实亡。当科龙为种种"疑云"笼罩，投资者蒙受巨额损失之时，科龙的独立董事始终未能发表有助于广大中小股东揭晓"疑云"的独立意见，难怪科龙的中小股东发起震撼中国股市的要求罢免其独立董事的"独立运动"。当然，公司治理不仅包括内部治理，还包括外部治理，否则治理的重任难以完成。那么，外部治理的关键又是什么？是法制的完善和监管的有效性。有法不依，任何公司治理、监管制度和企业的社会责任都可能失去存在的基础和保障。虽然市场主体为了使自身利益最大化会与制度博弈，而法律法规就是为了约束和防范这种试图突破制度的行为而设置的。若缺乏有效监管，这种企图突破法律制度的活动将会变本加厉。要约束公司行为，保障其内外部治理的实现，必须落实监管的有效性，最终使公司问题通过监管而得到及时发现、制止和惩戒。

2. 强化市场监管是维护市场秩序的保证

证监会是对证券市场行为进行全程监管，维护市场秩序，保护投资者利益的机构。顾雏军涉嫌多项证券违法违规问题，证监会决定对其进行查处是完全必要的。事实上，2002年以来科龙的经营业绩出现剧烈波动，已经引起公众的普遍关注和质疑，现已查实公司所披露的财务报告与事实存在严重不符，但它居然能够利用财务数字游戏在中国证券市场上"混"了近5年。可以说，科龙是"自我曝光"在前，公众质疑在先，证监会立案调查滞后。作为市场监管者的证监会没有在第一时间发现问题的苗头，进行有效监管，没有及时采取有效措施保护投资者，反映出当前我国证券市场的监管效率有待提高。

此外，从证监会立案调查科龙事件到顾雏军等人被拘捕，投资者未能及时从相关方面获取案情进展情况，即使案情细节不便披露，对于科龙问题的严重性或复杂程度也应有个交代。相比之下，创维事件发生后，香港廉政公署立即发布包括涉案人员、案件主要内容在内的详尽信息的做法，不能不让人感到目前投资者应有的知情权依然欠缺。

3. 国际会计师事务所的问题

如果说良好的公司治理是提高上市公司会计信息质量的第一道防线，那么独立审计是防范会计信息失真和舞弊行为的另一道重要关卡。拥有国际"四大"会计师事务所金字招牌的德勤没有把好这道关，反而深陷"科龙门"，由此可以发现国际会计师事务所在中国大陆执业也存在一些问题。

**问题一：审计师的专业胜任能力和职业操守**

自从我国会计审计服务市场对外开放以来，国际会计师事务所以其独有的品牌优势、人才优势和先进的管理制度占据了国内审计服务的高端市场，业务收入和利润率遥遥领先于国内会计师事务所。国际资本市场的磨砺和实力赋予了其极高的品牌价值，为其带来巨大的商誉和业务机会。所以，德勤作为科龙的审计机构，其专业胜任能力毋庸置疑。而科龙聘请国际"四大"之一的德勤会计师事务所来做审计，也相信其审计报告的公信力能够吸引更多的投资者。然而，事实证明，如果审计师缺乏应有的职业谨慎和良好的职业操守，就可能成为问题公司粉饰其经营业绩的"挡箭牌"，并给事务所带来一连串麻烦。鉴于德勤在科龙审计中的表现，难怪有人怀疑德勤在中国大陆是否存在"双重执业标准"。否则，审计师完全可以发现科龙的问题和顾雏军的犯罪事实。所以，审计师在出现错误时，简单地将其归结为由"某些固有局限"所致，或是被审计公司管理层的造假责任等，会使社会公众对审计行业产生不信任感，对整个行业的发展也极为不利。反观目前审计行业的现状，审计师职业道德缺失已导致大量的审计失败，审计师知情而不据实发表意见和预警信息，不仅是失职，还有渎职嫌疑，不但损害了投资者的利益，也损害了事务所和国家的长远利益。

当然，审计师身陷问题公司，制度环境也是制约因素之一。人们习惯称审计师为"经济警察"，实际上夸大了外部独立审计的作用。审计师没有司法或行政权力，因此可能无法获得能与行政或司法机构对等的信息。此外，会计师事务所和客户之间的关系十分微妙，现在许多审计师身陷问题公司，主要因为上市公司能够左右会计师事务所的饭碗。而且，道德审判意识不强且违规成本又低，因而在利益的诱惑和驱使下，对于造假企业，审计师仍有可能铤而走险。

**问题二：国际会计师事务所的"超国民待遇"**

近年来，国际会计师事务所在我国内地的业务发展迅速，与此同时，国际会计师事务所陷入财务丑闻的事件也开始出现。一向以质量精湛、执业独立而占据国内大部分审计市场的四大国际会计师事务所开始成为被告。"科龙—德勤"事件中受指责的问题是国际会计师事务所目前在我国享受"超国民待遇"，主要问题是对国际会计师事务所能否建立和执行统一的监管标准。诚信制度面前应当人人平等，有关监管部门应当给予国内外会计师事务所平等竞争的平台，使公平公正原则得到充分体现。

**4. 审计风险防范**

德勤对科龙审计失败，再次说明了事务所审计风险防范的重要性。目前审计师面临的审计环境发生了很大变化。一方面企业组织形式纷繁复杂和经营活动多元化，要求审计师们提高自身的风险防范能力，事务所要强化审计质量控制；另一方面，会计师事务所在证券民事赔偿方面的法律责任进一步明确。无论会计师事务所的审计失败是否受到行政处罚，只要虚假陈述行为存在，就可以作为被告，适用于举证责任倒置原则，由其向法庭自我证明清白，或承责或免责，这样一来审计师的责任更为重大。

面对目前独立审计行业的系统性高风险，无论国际所还是国内所均难幸免。财务丑闻中不能排除有审计人员参与或协助造假，或有审计质量问题，但也不能否认审计人员也会成为造假公司的受害者。导致上市公司审计失败的原因很复杂，如美国证券交易委员会就曾总结过其中最重要的十大因素。但审计失败最主要的原因：一是审计结果是错误或者不恰当的；二是审计师在审计过程中没有遵循独立审计的原则，或者审计过程中存在着明显的过错甚至欺诈行为。因此，增强风险意识，通过完善制度、提高质量来推动独立审计的良性发展，是化解审计风险之根本。

（资料来源：会计通 www.kjsmh.com）

# 项目五 财务报表的综合分析

 **学习目标**

1. 知识目标
- 了解财务报表综合分析的目的、概念和特点
- 明确财务报表综合分析的内容
- 了解财务报表综合分析的方法

2. 技能目标
- 掌握杜邦财务分析体系的基本原理及应用
- 掌握沃尔比重分析法的原理及实施步骤

 案例导入

## 光大银行2013年度公司整体经营状况

2013年3月28日,中国光大银行股份有限公司公布了其2013年度报告,在报告中针对公司整体经营状况进行了高度概括总结,具体如下:

报告期内,国内外经济形势依然严峻,主要经济体复苏动力不足,国内金融改革不断深入,利率市场化加速推进,资金流动性紧张引发市场利率上升,约束规范商业银行理财及同业业务的政策不断推出,行业及区域信贷风险有所显现,资产质量压力明显加大。面对上述挑战,光大银行采取有效措施积极应对,战略执行情况良好,完成了既定的经营计划,取得了较好的经营业绩,资产规模平稳增长,结构调整力度不断加大,中间业务快速增长,赢利水平持续提升,风险状况总体可控,资本充足水平明显提高。

1. 业务规模平稳增长,结构调整力度加大

报告期末,本集团资产总额为24150.86亿元,比2012年年末增加1357.91亿元,增长5.96%;负债总额22620.34亿元,比2012年年末增加970.61亿元,增长4.48%;客户存款总额16052.78亿元,比2012年年末增加1783.37亿元,增长12.50%;贷款和垫款总额11663.10亿元,比2012年年末增加1431.23亿元,增长13.99%;存贷比为72.59%,严格控制在监管要求内。

2. 营业收入持续增长,收入结构不断优化

报告期内,本集团实现营业收入653.06亿元,比2012年增加53.90亿元,增长9.00%;发生营业支出310.21亿元,比2012年增加26.16亿元,增长9.21%,与营业收入增幅基本持平;实现税前利润344.21亿元,比2012年增加28.31亿元,增长8.96%;

净利润 267.54 亿元，比 2012 年增加 31.34 亿元，增长 13.27%。

本集团实现手续费及佣金净收入 149.52 亿元，同比增加 54.73 亿元，增长 57.74%，成为营业收入增长的主要驱动因素。手续费及佣金净收入在营业收入中的占比达 22.90%，同比上升 7.08 个百分点，收入结构有所优化。

3. 资产质量基本稳定，风险状况总体可控

报告期末，本集团不良贷款余额 100.29 亿元，比 2012 年年末增加 24.16 亿元；不良贷款率 0.86%，比 2012 年年末上升 0.12 个百分点；信贷拨备覆盖率 241.02%，比 2012 年年末下降 98.61 个百分点。

4. 成功实现 H 股上市融资，资本充足水平明显提升

报告期末，本集团资本充足率达 10.57%，比 6 月末上升 0.90 个百分点；核心一级资本充足率及一级资本充足率 9.11%，比 6 月末上升 1.34 个百分点。

（资料来源：http：//vip. stock. finance. sina. com. cn/corp/view/vCB _ AllBulletinDetail. php？ stockid＝601818&.id＝1341816）

**请思考：**

1. 光大银行 2013 年财务报告中如此详尽的文字和数据背后采用了什么样的方法？

2. 这样的分析方法对企业决策起到什么样的作用？

# 任务一　财务报表综合分析的概述

## 一、财务报表综合分析的目的

财务分析从赢利能力、营运能力和偿债能力角度对企业的筹资活动、投资活动和经营活动状况进行了深入、细致的分析，以判明企业的财务状况和经营业绩，这对于企业投资者、债权人、经营者、政府及其他与企业利益相关者了解企业的财务状况和经营成果是十分有益的。但前述财务分析通常是从某一特定角度，就企业某一方面的经营活动做分析，这种分析不足以全面评价企业的总体财务状况和经营成果，很难对企业进行总体评价。为弥补财务分析的这一不足，有必要在财务能力单项分析的基础上，将有关指标按其内在联系结合起来进行综合分析。

财务报表综合分析评价的目的在于：

（1）通过综合分析评价明确企业财务活动与经营活动的相互关系，找出制约企业发展的"瓶颈"所在。

（2）通过综合分析评价企业财务状况及经营业绩，明确企业的经营水平、位置及发展方向。

（3）通过综合分析评价为企业利益相关者进行投资决策提供参考。

（4）通过综合分析评价为完善企业财务管理和经营管理提供依据。

## 二、财务报表综合分析的概念

财务报表综合分析就是将企业偿债能力、营运能力、获利能力等方面的分析纳入一个

有机的整体中，全面地对企业经营成果、财务状况进行剖析、评价，对企业经济效益的优劣做出判断的一种方法。

### 三、财务报表综合分析的特点

财务报表综合分析能通过指标将企业人、财、物的利用情况和供、产、销的协调情况联系起来，明确企业偿债能力、营运能力、获利能力之间的相互联系，找出企业发展的问题所在，因此，财务报表综合分析的特点主要体现在财务指标体系的设置上。

1. 指标内容的全面性

财务报表综合分析的指标设置必须能够涵盖企业偿债能力、营运能力、获利能力等主要方面总体考核的要求。指标体系应能够提供多层次、全方位的信息资料，既能满足企业内部管理当局实施决策的需要，又能满足外部投资者和政府宏观管理的要求。

2. 主辅指标的匹配性

不同指标反映企业经营成果、财务状况的不同侧面，不同指标对企业经营成果、财务状况的影响程度不同，因此，在设置偿债能力、营运能力、获利能力等方面评价的主要指标与辅助指标的同时，应进一步确定指标体系中各指标的主辅地位，即对企业经营成果、财务状况综合情况影响的权重。

### 四、财务报表综合分析的内容

财务报表综合分析是站在全局的角度进行的分析，它至少应包括以下两方面内容：

1. 财务目标与财务环节相互关联综合分析

企业财务目标是资本增值最大化。资本增值的核心在于资本收益能力的提高，而资本收益能力受企业各方面、各环节财务状况的影响。这一分析正是要以净资产收益率为核心，并通过对净资产收益率的分解，找出企业经营各环节对其影响关系与程度，从而综合评价企业各环节及各方面的经营业绩。杜邦财务分析体系是进行这一分析的最基本方法。

2. 企业经营业绩综合分析评价

虽然财务目标与财务环节的联系分析可以解决单项指标分析或单方面分析给评价带来的困难，但由于没能用某一单项计量手段给相互关联指标以综合评价，因此，往往难以准确得出公司经营改善与否的定量结论。企业经营业绩综合分析从解决这一问题出发，利用综合指数评价法和综合评分法对各项重要的财务指标完成情况进行量化分析，最后以唯一的综合指数或综合分数高低来评价企业的经营业绩。沃尔综合评分法正是这一内容的方法体现。

# 任务二　财务报表综合分析法

## 一、杜邦财务分析法

### （一）杜邦财务分析法的产生及意义

趋势分析法和财务比率分析法，虽然可以了解企业各方面的财务状况，但是不能反映企业各方面财务状况之间的关系。企业的财务状况是一个完整的系统，内部各种因素都是相互依存、相互作用的，任何一个因素的变动都会引起企业整体财务状况的改变。因此，财务分析者在进行财务状况综合分析时，必须深入了解企业财务状况内部的各项因素及其相互之间的关系，这样才能比较全面地揭示企业财务状况的全貌。杜邦财务分析体系（The Dupont System）利用几种主要的财务比率之间的关系来综合地分析企业的财务状况，是一种比较实用的财务比率分析体系。这种分析方法首先是由美国杜邦公司的经理创造出来的，故称之为杜邦财务分析体系。这种财务分析方法从评价企业绩效最具综合性和代表性的指标——净资产收益率出发，层层分解至企业最基本生产要素的使用、成本与费用的构成和企业风险，从而满足经营者通过财务分析进行绩效评价需要，在经营目标发生异动时能及时查明原因并加以修正。

> **小贴士：** 著名的美国杜邦化学公司创建于1802年，距今已有200多年的历史了。它的创始人爱里迪尔·依涅·杜邦1802年创建了第一个制造火药的工厂，以此为起点使杜邦公司成为目前世界上最大的化工跨国公司。据1984年的统计，杜邦公司当年营业利润为359.15亿美元，居世界化工工业企业的第一位。杜邦公司的成功，重要原因之一就是他们始终坚持"利润最大，风险最小"的经营决策。

### （二）杜邦财务分析法的基本内容

杜邦系统主要反映以下几种主要的财务比率关系。

（1）净资产收益率与总资产净利率及权益乘数之间的关系：

$$净资产收益率 = 总资产净利率 \times 权益乘数$$

即：
$$\frac{净利润}{所有者权益} = \frac{净利润}{资产总额} \times \frac{资产总额}{所有者权益}$$

（2）总资产净利率与主营业务利润率及总资产周转率之间的关系：

$$总资产净利率 = 主营业务利润率 \times 总资产周转率$$

即：
$$\frac{净利润}{资产总额} = \frac{净利润}{主营业务收入} \times \frac{主营业务收入}{资产总额}$$

（3）主营业务利润率与净利润及主营业务收入之间的关系：

$$主营业务利润率 = \frac{净利润}{主营业务收入}$$

（4）总资产周转率与主营业务收入及资产总额之间的关系：

$$总资产周转率 = \frac{主营业务收入}{资产平均余额}$$

即：　　　净资产收益率＝主营业务利润率×总资产周转率×权益乘数

这一等式被称为杜邦等式。杜邦系统将企业赢利指标、资金周转指标、资本结构指标联系在一起，之后，再将进行层层分解，这样就可以全面、系统地揭示出企业的财务状况以及系统内部各个因素之间的相互关系。

净资产收益率反映公司股东权益的投资报酬率，具有很强的综合性。由公式可以看出决定净资产收益率高低的因素有三个方面——权益乘数、主营业务利润率和总资产周转率。权益乘数、主营业务利润率和总资产周转率三个比率分别反映了企业的负债比率、赢利能力比率和资产管理比率。这样分解之后，可以把净资产收益率这样一项综合性指标发生升降的原因具体化，定量地说明企业经营管理中存在的问题，比一项指标能提供更明确的、更有价值的信息。

权益乘数主要受资产负债率影响。负债比率越大，权益乘数越高，说明企业有较高的负债程度，给企业带来较多的杠杆利益，同时也给企业带来了较多的风险。总资产净利率是一个综合性的指标，同时受到主营业务利润率和总资产周转率的影响。

主营业务利润率高低的分析，需要从主营业务收入和主营业务成本两个方面进行。这方面的分析是有关赢利能力的分析。这个指标可以分解为主营业务成本率、其他业务利润率和销售税金率。主营业务成本率还可进一步分解为毛利率和期间费用率。深入的指标分解可以将主营业务利润率变动的原因定量地揭示出来，如售价太低，成本过高，费用过大。当然经理人员还可以根据企业的一系列内部报表和资料进行更详尽地分析。总资产周转率是反映运用资产以产生主营业务收入能力的指标。对总资产周转率的分析，则需对影响资产周转的各因素进行分析。除了对资产的各构成部分从占用量上是否合理进行分析外，还可以通过对流动资产周转率、存货周转率、应收账款周转率等有关资产组成部分使用效率的分析，判明影响资产周转的问题出在哪里。

杜邦财务分析体系的作用是解释指标变动的原因和变动趋势，为采取措施指明方向。

（三）杜邦财务分析法的特点

杜邦分析是对企业财务状况进行的综合分析。它通过几种主要的财务指标之间的关系，直观、明了地反映出企业的财务状况。从杜邦分析系统可以了解到以下财务信息：

（1）净资产收益率是一个综合性极强、最有代表性的财务比率，它是杜邦系统的核心。企业财务管理的重要目标之一就是实现股东财富的最大化，净资产收益率正是反映了股东投入资金的获利能力，这一比率反映了企业筹资、投资和生产运营等各方面经营活动的效率，最能体现出企业经营的目标。而权益乘数则主要反映了企业的筹资情况，即企业资金来源结构如何。

（2）总资产净利率是反映企业获利能力的一个重要财务比率，它揭示了企业生产经营活动的效率，综合性也极强。企业的主营业务收入、成本费用、资产结构、资产周转速度以及资金占用量等各种因素，都直接影响到总资产净利率的高低。总资产净利率是主营业务利润率与总资产周转率的乘积。因此，可以从企业的销售活动与资产管理两个方面来进行分析。

（3）从企业的销售方面看，主营业务利润率反映了企业净利润与主营业务收入之间的关系。一般来说，主营业务收入增加，企业的净利润也会随之增加，但是，要想提高主营业务利润率，必须一方面提高主营业务收入，另一方面降低各种成本费用，这样才能使净利润的增长高于主营业务收入的增长，从而使主营业务利润率得到提高。

由此可见，提高主营业务利润率必须在以下两个方面下功夫：一是开拓市场，增加主营业务收入。在市场经济中，企业必须深入调查研究市场情况，了解市场的供需关系，在战略上，从长远的利益出发，努力开发新产品；在策略上，保证产品的质量，加强营销手段，努力提高市场占有率。这些都是企业面向市场的外在功夫。二是加强成本费用控制，降低耗费，增加利润。从杜邦系统中，可以分析企业的成本费用结构是否合理，以便发现企业在成本费用管理方面存在的问题，为加强成本费用管理提供依据。企业要想在激烈的市场竞争中立于不败之地，不仅要在营销与产品质量上下功夫，还要尽可能降低产品的成本，这样才能增强产品在市场上的竞争力。同时，要严格控制企业的管理费用、财务费用等各种期间费用，降低耗费，增加利润。这里尤其要研究分析企业的利息费用与利润总额之间的关系，如果企业所承担的利息费用太多，就应当进一步分析企业的资金结构是否合理，负债比率是否过高，不合理的资金结构当然会影响到企业所有者的收益。

（4）在企业资产方面，主要应该分析以下两个方面：一是分析企业的资产结构是否合理，即流动资产与非流动资产的比例是否合理。资产结构实际上反映了企业资产的流动性，它不仅关系到企业的偿债能力，也会影响企业的获利能力。一般来说，如果流动资产中货币资金占的比重过大，就应当分析企业现金持有量是否合理，有无现金闲置现象，因为过量的现金会影响企业的获利能力；如果流动资产中的存货与应收账款过多，就会占用大量的资金，影响企业的资金周转。二是结合主营业务收入，分析企业的资产周转情况。资产周转速度直接影响到企业的获利能力，如果企业资产周转较慢，就会占用大量资金，增加资金成本，减少企业的利润。资产周转情况的分析，不仅要分析企业总资产周转率，更要分析企业的存货周转率与应收账款周转率，并将其周转情况与资金占用情况结合分析。上述两方面的分析，可以发现企业资产管理方面存在的问题，以便加强管理，提高资产的利用效率。

总之，从杜邦分析系统可以看出，企业的获利能力涉及产生经营活动的方方面面。净资产收益率与企业的筹资结构、销售规模、成本水平、资产管理等因素密切相关，这些因素构成一个完整的系统，系统内部各因素之间相互作用。只有协调好系统内部各个因素之间的关系，才能使净资产收益率得到提高，从而实现股东财富最大化的理财目标。杜邦分析系统图如图5-1所示。

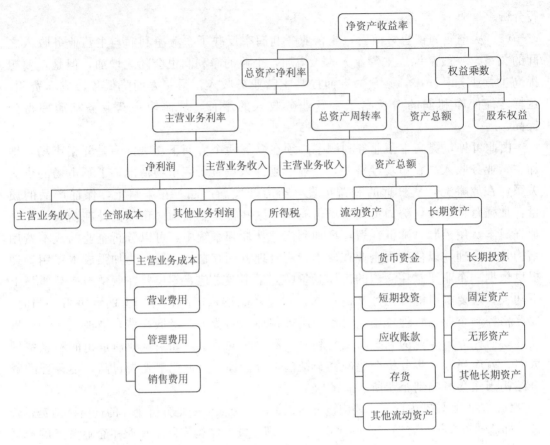

**图5—1    杜邦财务体系分解图**

**(四) 杜邦财务分析法的运用**

杜邦财务分析法可以解释指标变动的原因和变动趋势，以及为采取措施指明方向。下面以 FT 公司为例，说明杜邦分析法的运用。

FT 公司的基本财务数据见表5—1、表5—2：

表5—1                                      FT 公司主要财务数据一览表                                      单位：万元

| 项目 / 年度 | 净利润 | 主营业务收入 | 资产总额 | 负债总额 | 全部成本 |
|---|---|---|---|---|---|
| 2001 年 | 10284.04 | 411224.01 | 306222.94 | 205677.07 | 403967.43 |
| 2002 年 | 12653.92 | 757613.81 | 330580.21 | 215659.54 | 736747.24 |

表 5 - 2　　　　　　　　　　　FT 公司主要财务指标一览表　　　　　　　　　单位：%

| 　　　　　项目<br>年度 | 净资产<br>收益率 | 权益乘数 | 资产负<br>债率 | 总资产<br>净利率 | 主营业务<br>利润率 | 总资产<br>周转率 |
|---|---|---|---|---|---|---|
| 2001 年 | 0.097 | 3.049 | 0.672 | 0.032 | 0.025 | 1.34 |
| 2002 年 | 0.112 | 2.874 | 0.652 | 0.039 | 0.017 | 2.29 |

对净资产收益率的分析：

净资产收益率指标是衡量企业利用资产获取利润能力的指标。净资产收益率充分考虑了筹资方式对企业获利能力的影响，因此它所反映的获利能力是企业经营能力、财务决策和筹资方式等多种因素综合作用的结果。

该公司的净资产收益率在 2001—2002 年间出现了一定程度的好转，分别从 2001 年的 0.097 增加至 2002 年的 0.112。企业的投资者在很大程度上依据这个指标来判断是否投资或是否转让股份，考察经营者业绩和决定股利分配政策。这些指标对公司的管理者也至关重要。

公司经理们为改善财务决策而进行财务分析，他们可以将净资产收益率分解为权益乘数和总资产净利率，以找到问题产生的原因。

FT 公司净资产收益率＝权益乘数×总资产净利率

2001 年：0.098＝3.049×0.032

2002 年：0.112＝2.874×0.039

通过分解可以明显地看出，该公司净资产收益率的变动在于资本结构（权益乘数）变动和资产利用效果（总资产净利率）变动两方面共同作用的结果。而该公司的总资产净利率太低，显示出很差的资产利用效果。

那么，我们继续对总资产净利率进行分解：

总资产净利率＝主营业务利润率×总资产周转率

2001 年：0.034＝0.025×1.34

2002 年：0.039＝0.017×2.29

通过分解可以看出 2002 年的总资产周转率有所提高，说明资产的利用得到了比较好的控制，显示出比前一年较好的效果，表明该公司利用其总资产产生主营业务收入的效率在增加。总资产周转率提高的同时主营业务利润率的减少阻碍了总资产净利率的增加，我们接着对主营业务利润率进行分解：

主营业务利润率＝净利润÷主营业务收入

2001 年：0.025＝10284.04÷411224.01

2002 年：0.017＝12653.92÷757613.81

该公司 2002 年大幅度提高了主营业务收入，但是净利润的提高幅度却很小，分析其原因是成本费用增多，从表 5 - 1 可知，全部成本从 2001 年 403967.43 万元增加到 2002 年 736747.24 万元，与主营业务收入的增加幅度大致相当。下面是对全部成本进行的分解：

全部成本＝主营业务成本＋销售费用＋管理费用＋财务费用

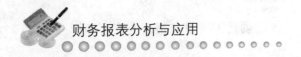

2001 年：403967.43＝373534.53＋10203.05＋18667.77＋1562.08

2002 年：737045.24＝684559.91＋21740.962＋25718.20＋5026.17

通过分解可以看出杜邦分析法有效地解释了指标变动的原因和趋势，为采取应对措施指明了方向。

在本例中，导致净资产收益率小的主要原因是全部成本过大。也正是因为全部成本的大幅度提高导致了净利润提高幅度不大，而主营业务收入大幅度增加，就引起了主营业务利润率的减少，显示出该公司销售赢利能力的降低。总资产净利率的提高当归功于总资产周转率的提高，主营业务利润率的减少却起到了阻碍的作用。

FT 公司下降的权益乘数，说明它们的资本结构在 2001—2002 年发生了变动，2002 年的权益乘数较 2001 年有所减小。权益乘数越小，企业负债程度越低，偿还债务能力越强，财务风险程度越低。这个指标同时也反映了财务杠杆对利润水平的影响。财务杠杆具有正反两方面的作用。在收益较好的年度，它可以使股东获得的潜在报酬增加，但股东要承担因负债增加而引起的风险；在收益不好的年度，则可能使股东潜在的报酬下降。该公司的权益乘数一直处于 2～5，也即负债率为 50％～80％，属于激进战略型企业。管理者应该准确把握公司所处的环境，准确预测利润，合理控制负债带来的风险。

因此，对于 FT 公司，当前最为重要的就是要努力减少各项成本，在控制成本上下力气。同时要保持比较高的总资产周转率。这样，可以使主营业务利润率得到提高，进而使总资产净利率有较大的提高。

综上所述，杜邦分析法以净资产收益率为主线，将企业在某一时期的销售成果以及资产营运状况全面联系在一起，层层分解，逐步深入，构成一个完整的分析体系。它能较好地帮助管理者发现企业财务和经营管理中存在的问题，能够为改善企业经营管理提供十分有价值的信息，因而得到普遍的认同并在实际工作中得到广泛的应用。

但是杜邦分析法毕竟是财务分析方法的一种，作为一种综合分析方法，并不排斥其他财务分析方法。相反与其他分析方法结合，不仅可以弥补自身的缺陷和不足，而且也弥补了其他方法的缺点，使得分析结果更完整、更科学。比如以杜邦分析为基础，结合专项分析，进行一些后续分析对有关问题做更深、更细致地分析了解；也可结合比较分析法和趋势分析法，将不同时期的杜邦分析结果进行对比趋势化，从而形成动态分析，找出财务变化的规律，为预测、决策提供依据；或者与一些企业财务风险分析方法结合，进行必要的风险分析，也为管理者提供依据，所以这种结合，实质也是杜邦分析自身发展的需要。分析者在应用时，应注意这一点。

## 二、沃尔综合评分法

### (一) 沃尔综合评分法的产生与意义

财务比率反映了企业财务报表各项目之间的对比关系，以此来揭示企业财务状况。但是，一项财务比率只能反映企业某一方面的财务状况。为了进行综合的财务分析，可以编制财务比率汇总表，将反映企业财务状况的各类财务比率集中在一张表中，能够一目了然地反映出企业各方面的财务状况。并且，在编制财务比率汇总表时，可以结合比较分析法，将企业财务状况的综合分析与比较分析相结合。

　　企业财务状况的比较分析主要有两种：①将企业本身的财务报表或财务比率同过去几个会计期间的财务报表或财务比率进行纵向比较，可以分析企业的发展趋势，如趋势分析法。②将本企业的财务比率与同行业平均财务比率或同行业先进的财务比率进行横向比较，可以了解到企业在同行业中所处的水平，以便综合评价企业的财务状况。第二种比较分析法尽管在企业的综合财务分析中也是经常使用的，但其存在以下两项缺点：一是，它需要企业找到同行业的平均财务比率或同行业先进的财务比率等资料作为参考标准，在实际工作中，这些资料有时获取难度较大；二是，这种比较分析只能定性地描述企业的财务状况，如比同行业水平略好、与同行业平均水平相当或略差，而不能用定量的方式来评价企业的财务状况究竟处于何种程度。因此，为了克服这两个缺点，可以采用财务比率综合评分法。

　　财务比率综合评分法，最早是在 20 世纪初，由亚历山大·沃尔选择七项财务比率对企业的信用水平进行评分所使用的方法，所以也称沃尔评分法。这种方法是通过对选定的几项财务比率进行评分，然后计算出综合得分，并据此评价企业的综合财务状况。目前，投资者可按照沃尔模型得到一个财务报表的量化值后，就可以对同行业个股从财务角度进行对比，例如，中国石化的分值是 92.87，扬子石化的分值是 187.91，如果中石化的股价为 3.86 元，套算扬子石化的股价就应该是 7.81 元，那么 8.70 元的扬子石化就有些偏高，因此衡量二者之间的买入价值，中国石化就优于扬子石化。虽然沃尔评分值不是确定股价的主要依据，但它可以在同类型股票的取舍时派上用场。从理论上讲，沃尔的评分法有一个弱点，就是未能证明为什么要选择 7 个指标，而不是更多或更少，或者选择别的财务比率，以及未能证明每个指标所占比重的合理性。

　　**小贴士：** 1928年，亚历山大·沃尔出版的《信用晴雨表研究》和《财务报表比率分析》中提出了信用能力指数的概念，他选择了7个财务比率即流动比率、产权比率、固定资产比率、存货周转率、应收账款周转率、固定资产周转率和自有资金周转率，分别给定各指标的比重，然后确定标准比率（以行业平均数为基础），将实际比率与标准比率相比，得出相对比率，将此相对比率与各指标比重相乘，得出总评分。

（二）沃尔综合评分法的内容

沃尔综合评分分析法的内容包括以下七个方面：

（1）选定评价企业财务状况的财务比率。在选择财务比率时，一是要具有全面性，要求反映企业的偿债能力、营运能力、获利能力和发展能力的四大类财务比率都应当包括在内；二是要具有代表性，即要选择能够说明问题的重要的财务比率；三是要具有变化方向的一致性，即当财务比率增大时，表示财务状况的改善，反之，财务比率减小时，表示财务状况的恶化。

（2）根据各项财务比率的重要程度，确定其标准评分值，即重要性系数。各项财务比率的标准评分值之和应等于 100 分。各项财务比率评分值的确定是财务比率综合评分法的一个重要问题，它直接影响到对企业财务状况的评分多少。对各项财务比率的重要程度，不同的分析者会有不同的态度，但是，一般来说，应根据企业的经营活动的性质、企业的

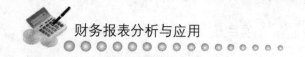

生产经营规模、市场形象和分析者的分析目的等因素来确定。

（3）规定各项财务比率评分值的上限和下限，即最高评分值和最低评分值。这主要是为了避免个别财务比率的异常给总分造成不合理的影响。

（4）确定各项财务比率的标准值。财务比率的标准值是指各项财务比率在本企业现时条件下最理想的数值，亦即最优值。财务比率的标准值，通常可以参照同行业的平均水平，并经过调整后确定。

（5）计算企业在一定时期各项财务比率的实际值。

（6）计算出各项财务比率实际值与标准值的比率，即关系比率。关系比率等于财务比率的实际值除以标准值。

（7）计算出各项财务比率的实际得分。各项财务比率的实际得分是关系比率和标准评分值的乘积，每项财务比率的得分都不得超过上限或下限，所有各项财务比率实际得分的合计数就是企业财务状况的综合得分。企业财务状况的综合得分就反映了企业综合财务状况是否良好。如果综合得分等于或接近于100分，说明企业的财务状况是良好的，达到了预先确定的标准；如果综合得分低于100分很多，就说明企业的财务状况较差，应当采取适当的措施加以改善；如果综合得分超过100很多，就说明企业的财务状况很理想。

（三）沃尔综合评分法的运用

下面以 ZSY 公司 2010 年年度报告为例，说明沃尔比重分析法的具体应用：

表 5 - 3　　　　　　　　　　　　沃尔比重分析表

| 选定的指标 | 分配的权重 | 指标的标准值 | 指标的实际值 | 实际得分 |
|---|---|---|---|---|
| | ① | ② | ④ | ⑤＝④÷②×① |
| 一、偿债能力指标 | 20 | | | |
| 1. 资产负债率 | 12 | 60% | 39% | 18 |
| 2. 已获利息倍数 | 8 | 10 | 24 | 19 |
| 二、获利能力指标 | 38 | | | |
| 1. 净资产收益率 | 25 | 25% | 16% | 16 |
| 2. 总资产净利率 | 13 | 10% | 10% | 13 |
| 三、营运能力指标 | 18 | | | |
| 1. 总资产周转率 | 9 | 2 | 1 | 4.5 |
| 2. 流动资产周转率 | 9 | 5 | 5 | 9 |
| 四、发展能力指标 | 24 | | | |
| 1. 营业增长率 | 12 | 25% | 44% | 21 |
| 2. 资本累积率 | 12 | 15% | 11% | 9 |
| 五、综合得分 | 100 | | | 109.5 |

从表5-3评分表明，ZSY的综合评分大于100，说明企业的财务状况良好，特别是企业的偿债能力较强，市场占有率和竞争力较强，具有一定的持续发展能力，但与国际同行业相比，企业的赢利能力不强，资产利用效率不高。

**重要名词中英文对照**

| 财务报表 | Financial sheet |
|---|---|
| 财务报表综合分析 | Comprehensive analysis of financial statement |
| 杜邦财务分析法 | Dupont financial analysis |
| 沃尔比重评分法 | Waldo proportion score |

**实训项目**

项目一

【训练目的】掌握财务报表综合分析应具备的基本知识。

【训练要求】以下各题只有一个正确选项，请将正确的选项填在括号内。

1. 权益乘数的计算公式是（     ）。

A. 资产总额/股东权益总额        B. 1－资产负债率

C. 1/资产负债率                 D. 负债总额/股东权益总额

2. 最能体现企业经营目标的财务指标是（     ）。

A. 总资产周转率              B. 净资产收益率

C. 主营业务利润率           D. 成本利润率

3. 总资产净利率的计算公式是（     ）。

A. （利润总额＋利息支出）÷平均资产总额×100％

B. 净利润÷平均资产总额×100％

C. 利润总额÷平均资产总额×100％

D. （净利润＋利息支出）÷平均资产总额×100％

4. 以下指标中，属于正指标的是（     ）。

A. 资产负债率                B. 流动比率

C. 流动资产周转天数        D. 资本收益率

5. 杜邦财务分析法的核心指标是（     ）。

A. 总资产净利率             B. 主营业务利润率

C. 净资产收益率             D. 可持续增长率

6. 某企业总资产净利率是12％，股东权益是3，净资产收益率是（     ）。

A. 20％                    B. 30％

C. 3.6％                  D. 36％

7. 某企业权益乘数是4，资产负债率是（     ）。

A. 25％                    B. 100％

C. 75％                    D. 50％

8. 某企业总资产净利率是12%，资产负债率是60%，净资产收益率是（    ）。

A. 24%                          B. 30%

C. 20%                          D. 7.2%

9. 沃尔综合评分法选定了（    ）项财务比率进行评分。

A. 4                            B. 5

C. 6                            D. 7

10. 沃尔综合评分法中财务比率的标准值，通常可以参照同行业的（    ）。

A. 平均水平                      B. 平均水平，并经过调整后确定

C. 历史水平                      D. 先进水平

项目二

【训练目的】掌握财务报表综合分析应具备的基本知识。

【训练要求】以下各题有多个正确选项，请将正确的选项填在括号内。

1. 财务报表综合分析的特点主要体现在（    ）。

A. 指标内容的全面性              B. 指标的数量

C. 主辅指标的匹配性              D. 指标的趋势性

2. 财务报表综合分析评价的目的是（    ）。

A. 明确企业财务活动与经营活动的相互关系

B. 评价企业财务状况及经营业绩

C. 为投资决策提供参考

D. 为完善企业管理提供依据

E. 为进行职工奖励打基础

3. 财务报表综合分析的内容包括（    ）。

A. 单项财务指标分析              B. 资产结构分析

C. 企业经营业绩综合分析评价      D. 财务指标与财务环节相互关联综合分析

4. 根据杜邦财务分析法，影响净资产收益率的三个因素有（    ）。

A. 权益乘数                      B. 速动比率

C. 总资产周转率                  D. 主营业务利润率

5. 总资产净利率受（    ）影响。

A. 主营业务利润率                B. 净利润

C. 总资产周转率                  D. 权益乘数

6. 沃尔综合评分法要求反映企业的（    ）的财务比率。

A. 偿债能力                      B. 营运能力

C. 发展能力                      D. 获利能力

7. 沃尔综合评分法中财务比率的重要程度，一般来说，应根据企业的（    ）等因素来确定。

A. 经营活动的性质                B. 企业的生产经营规模

C. 市场形象                      D. 分析者的分析目的

8. 总资产净利率是哪两个财务比率的乘积（    ）。

A. 主营业务利润率　　　　　　B. 成本费用率

C. 应收账款周转率　　　　　　D. 总资产周转率

9. 企业在分析全部成本时应考虑（　　　）。

A. 主营业务成本　　　　　　　B. 销售费用

C. 管理费用　　　　　　　　　D. 财务费用

10. 企业财务报表综合分析的方法有（　　　）。

A. 杜邦财务分析法　　　　　　B. 沃尔综合评分法

C. 趋势分析法　　　　　　　　D. 因素分析法

项目三

【训练目的】掌握财务报表综合分析的基本方法。

【训练要求】阅读报表完成相关分析。

某企业是一家上市公司，2010—2012 年有关资料如表 5-4 所示：

表 5-4　　　　　　　　　　　　某企业相关财务数据　　　　　　　　　　　　单位：万元

| 项目 | 2010 年 | 2011 年 | 2012 年 |
|---|---|---|---|
| 平均净资产 | 825721 | 962624 | 1145594 |
| 平均总资产 | 1033412 | 1157165 | 1349642 |
| 主营业务收入 | 738614 | 732856 | 793307 |
| 净利润 | 117934 | 147278 | 182970 |

要求：

根据以上资料，按杜邦财务分析法对净资产收益率进行分析。

延伸阅读

以五粮液和贵州茅台为例，采用杜邦分析法对两公司的财务情况进行综合分析和评价。

1. 五粮液和贵州茅台杜邦分析体系相关指标

表 5-5　　　　　　　　五粮液和贵州茅台杜邦分析体系相关指标表

| 项目 | 五粮液 | 贵州茅台 | 差额 |
|---|---|---|---|
| 销售净利率 | 20.1% | 40.98% | 20.88% |
| 总资产周转率 | 0.67 | 0.72 | 0.05 |
| 总资产净利率 | 13.44% | 29.58% | 16.36% |
| 权益乘数 | 1.22 | 1.38 | 0.16 |
| 净资产收益率 | 16.43% | 40.81% | 24.38% |

注：由于计算过程中保留小数点位数时采用四舍五入法，所以各关系式有所误差。

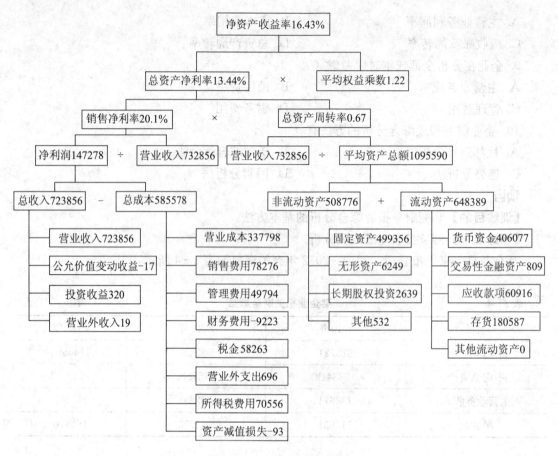

**图 5-2  五粮液杜邦体系图**

注：平均资产总额为期初数和期末数的平均数；固定资产包括固定资产、在建工程、工程物资和固定资产清理项目金额；长期投资包括长期股权投资、持有至到期投资等，应收款项包括应收账款、应收票据、预付账款、其他应收款等。

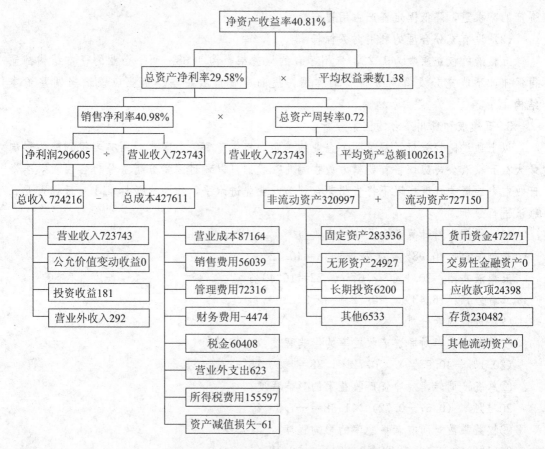

**图 5 - 3　贵州茅台 2007 杜邦分析体系图**

注：平均资产总额为期初数和期末数的平均数；固定资产包括固定资产、在建工程、工程物资和固定资产清理项目金额；长期投资包括长期股权投资、持有至到期投资等，应收款项包括应收账款、应收票据、预付账款、其他应收款等。

2. 五粮液和贵州茅台比较分析

通过对五粮液和贵州茅台杜邦体系图的比较分析可知，五粮液的经营业绩比贵州茅台要差很多，投资者的报酬率也要低很多，五粮液的所有者报酬率为 16.43%，贵州茅台为40.81%。其差距的原因主要体现在以下几方面。

(1) 产品的获利性差

五粮液的销售净利率为 20.1%，贵州茅台的销售净利率为 40.98%。再深入分析，五粮液净利润低的原因是企业的净利润低，而净利润低的原因是企业的总成本高，而总成本高主要是因为五粮液营业成本和销售费用高。结合企业的发展战略，五粮液公司生产了大量毛利率很低的低价位白酒，产销量大但利润低，应该调整企业的产品结构。

(2) 对资产的管理效率低

五粮液的总资产周转率为 0.67 次，贵州茅台的总资产周转率为 0.72 次。再深入分析，总资产周转率稍低的主要原因是企业资产占用资金较多，而且流动性强的流动资产相对较少，变现能力差的固定资产相对较多。五粮液同样可以通过调整产品结构，减少固定

资产的需求量，降低固定资产占用资金数。

（3）没有充分合理的利用财务杠杆

五粮液的权益乘数为 1.22，贵州茅台的权益乘数为 1.38。两个企业的资本结构都显得保守，不能充分发挥财务杠杆的作用，提高净资产收益率。企业应该适当调整资本结构。

3. 五粮液和贵州茅台的因素分析

以上通过比较分析了解了两个企业的差距，但究竟哪一个因素对所有者报酬率的影响最大？五粮液公司应该将首要精力放在哪儿？我们可以通过因素分析法分析各因素对净资产收益率的影响程度。以下将贵州茅台视为行业先进水平，作为比较标准，对目标企业五粮液进行分析。

（1）根据资料计算两企业净资产收益率

贵州茅台：$40.98\% \times 0.72 \times 1.38 = 40.72\%$

五粮液集团：$20.1\% \times 0.67 \times 1.22 = 16.43\%$

二者差额：$16.43\% - 40.72\% = -24.29\%$

（2）进行因素分析

①销售净利率对净资产收益率的影响程度：

$(20.1\% - 40.98\%) \times 0.72 \times 1.38 = -20.75\%$

②总资产周转率对净资产收益率的影响程度：

$20.1\% \times (0.67 - 0.72) \times 1.38 = -1.39\%$

③权益乘数对所有者报酬率的影响程度：

$20.1\% \times 0.67 \times (1.22 - 1.38) = -2.15\%$

结论：由以上因素分析可知，影响五粮液净资产收益率低的最主要的因素是销售净利率，销售净利率使得企业的净资产收益率比先进水平降低了 20.75%，企业在未来的发展过程中应将主要精力放在提高企业的销售净利率上。

# 项目六　财务报表的应用

## 学习目标

1. 知识目标
- 了解投资者使用财务报表的目标
- 了解经营管理者使用财务报表的目标
- 了解债权人使用财务报表的目标

2. 技能目标
- 具备从投资者角度分析财务报表的能力
- 具备从经营管理者角度分析财务报表的能力
- 具备从债权人角度分析财务报表的能力

### 华联控股投资华联三鑫

2003 年，华联控股出资 2.5 亿多元，投资华联三鑫，持有华联三鑫 51% 的股份。华联三鑫当时的目标是：通过 3～5 年投资 100 亿元左右，实现 PTA 年产能 200 万吨以上，销售收入 150 亿元以上，把华联三鑫建成世界一流的 PTA 生产基地。2005 年，华联三鑫一期项目建成投产，当年实现净利润 1.02 亿元，给投资者带来了希望。但好景不长，2006 年，在销售收入高达 43.34 亿元的情况下，净利润不仅没有提高，反而降低到只有1117.79 万元。此后，虽然收入跳跃式增长，但净利润却是跳跃式下降，陷入严重亏损状态，资金链断裂，被迫进行股权重组。2008 年 10—11 月，华联三鑫进行了股权重组和增资扩股，华联控股放弃了增资权利，使得重组后，华联控股持股比例下降为 16.40%。

表 6-1　　　　　　　　华联三鑫股东持股比例（2003 年 3 月）

| 股东名称 | 华联控股 | 展望集团 | 方晓健 | 加佰利集团 | 洪银娟 |
|---|---|---|---|---|---|
| 出资额（万元） | 25500 | 9000 | 7250 | 5000 | 3250 |
| 出资比例（%） | 51 | 18 | 14.5 | 10 | 6.5 |

表 6-2             华联三鑫收入、利润状况             单位：万元

| 年度\\项目 | 2005 | 2006 | 2007 | 2008.1—9 |
|---|---|---|---|---|
| 主营业务收入 | 217722.12 | 433376.20 | 796397.18 | 1093412 |
| 净利润 | 10202.16 | 1117.79 | −95969.44 | −116596 |

表 6-3             注册资本以及各股东拥有的股权比例

| 时间 | 注册资本（万元） | 股东名称 | 出资额（万元） | 出资比例（%） |
|---|---|---|---|---|
| 2008.11 | 395200 | 远东集团 | 198227.40 | 50.16 |
| | | 滨海开发公司 | 132151.60 | 33.44 |
| | | 华联控股 | 68821.00 | 16.40 |

表 6-4             华联三鑫资产、负债情况表             单位：万元

| 年度\\项目 | 2005 | 2006 | 2007 | 2008.6.30 |
|---|---|---|---|---|
| 注册资本 | 127100.00 | 127100.00 | 185200.00 | 245200.00 |
| 资产总额 | 673648.38 | 969850.72 | 1098746.95 | 1155234.00 |
| 负债总额 | 536346.22 | 834430.76 | 991180.94 | 1104264.00 |
| 净资产 | 137302.16 | 135419.96 | 107566.01 | 50970.00 |
| 资产负债率 | 79.62 | 86.04 | 90.21 | 95.59 |

资料来源：李秉成.财务危机案例启示录［M］.北京：机械工业出版社，2012.

请思考：

1. 作为投资方之一的华联控股面对投资对象的经营应关注哪些方面？
2. 为什么华联控股的股权比例由 51% 下降为 16.40%？

# 任务一    投资者的应用

## 一、投资者进行财务分析的目标

    企业的投资者包括企业的所有者和潜在投资者，他们进行财务分析的最根本目标是看企业的赢利能力状况，因为赢利能力是投资者资本保值和增值的关键。但是投资者仅关心赢利能力是不够的，为了确保资本保值、增值，他们还应研究企业的权益结构、支付能力

及营运状况。只有投资者认为企业有着良好的发展前景，企业的所有者才会保持或增加投资，潜在投资者才能把资金投向该企业；否则，企业所有者将会尽可能地抛售股权，潜在投资者将会转向其他投资。另外，对企业所有者而言，财务分析也能评价企业经营者的经营业绩，发现经营过程中存在的问题，从而通过行使股东权利，为企业未来发展指明方向。

## 二、投资者角度的财务分析

投资者了解被投资企业赢利能力应从生产经营、资产经营以及资本经营的角度进行分析。

（一）资产经营赢利能力分析

资产经营赢利能力，是指企业运营资产而产生利润的能力。反映资产经营赢利能力的基本指标是总资产净利率。

（二）资本经营赢利能力分析

资本经营赢利能力，是指企业的所有者通过投入资本经营而取得利润的能力。反映资本经营赢利能力的基本指标是净资产收益率。

以上两个财务指标在前章讲述杜邦财务分析法时，其指标价值已经明确，在此不再赘述。

（三）生产经营赢利能力分析

生产经营赢利能力分析是利用利润表资料进行利润率分析，包括收入利润率分析和成本利润率分析两方面内容。

1. 收入利润率分析

反映收入利润率的指标主要有营业收入利润率、营业收入毛利率、销售净利率等。不同的收入利润率，其内涵不同，揭示的收入与利润关系不同，在分析评价中的作用也不同。

（1）营业收入利润率，指营业利润与营业收入之间的比率。其计算公式为：

$$营业收入利润率 = \frac{营业利润}{营业收入} \times 100\%$$

（2）营业收入毛利率，指营业收入与营业成本的差额与营业收入之间的比率。其计算公式为：

$$营业收入利润率 = \frac{营业收入 - 营业成本}{营业收入} \times 100\%$$

（3）销售净利率，指净利润与营业收入之间的比率。其计算公式为：

$$销售净利率 = \frac{净利润}{营业收入} \times 100\%$$

收入利润指标是正指标，指标值越高越好。分析时应根据分析的目的与要求，确定适当的标准值，如可用行业平均值、国内平均值、企业目标值等。

下面根据 XZ 企业利润表资料（略），结合上述收入利润率计算公式，对该企业赢利能力进行分析。

| 项目 | 2011 年 | 2010 年 | 差异 |
|---|---|---|---|
| 营业收入（千元） | 44293427 | 34777181 | |
| 营业成本（千元） | 29492530 | 23004541 | |
| 营业利润（千元） | 1245393 | 1000754 | |
| 利润总额（千元） | 2262543 | 1727734 | |
| 净利润（千元） | 1911935 | 1451451 | |
| 营业收入利润率（%） | 2.81 | 2.88 | −0.07 |
| 营业收入毛利率（%） | 33.42 | 33.85 | −0.43 |
| 销售净利率（%） | 4.32 | 4.17 | 0.15 |

表 6-5　　　　　　　　　　企业收入利润率分析表

由表 6-5 可见，XZ 企业 2011 年比 2010 年的销售净利率有小幅提高，为 0.15%，但是营业收入利润率和营业收入毛利率 2011 年相比 2010 年都有不同程度的下降，分别为 0.07% 和 0.43%，下降幅度并不大，这些表明，该公司赢利能力比较稳定，且稳定发展中略有增长。对于投资者进行投资决策很有帮助，可以考虑继续增资或扩资，潜在的投资者也可以酌情考虑。

2. 成本利润率分析

反映成本利润率的指标主要有营业成本利润率、营业费用利润率、全部成本费用利润率等。

（1）营业成本利润率，指营业利润与营业成本之间的比率。其计算公式为：

$$营业成本利润率 = \frac{营业利润}{营业成本} \times 100\%$$

（2）营业费用利润率，指营业利润与营业费用之间的比率。营业费用总额包括营业成本、营业税金及附加、期间费用和资产减值损失。其计算公式为：

$$营业费用利润率 = \frac{营业利润}{营业费用} \times 100\%$$

（3）全部成本费用利润率，该指标可分为全部成本费用利润率和全部成本费用净利率两种形式。其计算公式为：

$$全部成本费用利润率 = \frac{利润总额}{营业费用 + 营业外支出} \times 100\%$$

$$全部成本费用净利率 = \frac{净利润}{营业费用 + 营业外支出} \times 100\%$$

以上各种指标反映企业投入产出水平，即所得与所费的比率，体现了增加利润是以降低成本和费用为基础的。这些指标的数值越高，表明生产和销售产品的每 1 元成本及费用取得的利润越多，劳动耗费的效益越高；反之，则说明每耗费 1 元成本及费用实现的利润越少，劳动耗费的效益越低。所以，成本利润率是综合反映企业成本效益的重要指标，它是一个正指标，指标值越高越好。投资者在进行投资决策前，在对企业收入利润率分析评价的基础上，要结合成本利润率指标进行全面分析，从而指导投资决策。

下面根据 XZ 企业利润表资料（略），结合上述成本利润率计算公式，对该企业赢利能力进行分析。

表 6-6　　　　　　　　　企业成本利润率分析表　　　　　　　　　单位：%

| 项目 | 2011 年 | 2010 年 | 差异 |
| --- | --- | --- | --- |
| 营业成本利润率 | 4.22 | 4.35 | -0.13 |
| 营业费用利润率 | 2.89 | 2.95 | -0.06 |
| 全部成本费用利润率 | 5.25 | 5.06 | 0.19 |
| 全部成本费用净利率 | 4.43 | 4.25 | 0.18 |

由表可见，该企业 2011 年与 2010 年相比，营业成本利润率和营业费用利润率有所降低，但降低幅度不大，分别为 -0.13% 和 -0.06%；全部成本费用利润率和全部成本费用净利率有所上升，但上升幅度也较低，分别为 0.19% 和 0.18%。

综上，结合该企业 2011 年和 2010 年收入利润率的对比结果，进一步说明了该企业赢利能力稳定，且略有增长，有助于投资者的投资决策。

# 任务二　经营管理者的应用

## 一、企业经营管理者进行财务分析的目标

企业经营管理者主要指企业的经理以及各分厂、部门、车间等的管理人员。他们进行财务分析的目标是综合的和多方面的。从对企业投资者负责的角度，他们首先也关心赢利能力，这只是他们的总体目标。但是，在财务分析中，他们关心的不仅仅是赢利的结果，而且包括赢利的原因及过程，如资产结构分析、营运状况与效率分析、经营风险与财务风险分析、支付能力与偿债能力分析等。财务分析的目标是及时发现生产经营中存在的问题与不足，并采取有效措施解决这些问题，使企业不仅用现有资源赢利更多，而且使企业赢利能力保持持续增长。

## 二、企业经营管理者角度的财务分析

企业经营管理者在多元的财务分析目标中，应重点关注企业的营运能力，即企业营运资产的效率与效益，它关系到企业资产的流动性、资产的利用效益以及资产尚可挖掘的潜力。只有提高了企业的营运能力，才能增强资产的流动性，实现预期收益，从而降低经营风险和财务风险。

企业经营管理者可以从总资产、流动资产、固定资产几方面对企业营运能力进行分析评价。

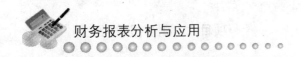

（一）总资产营运能力分析

企业总资产营运能力主要指企业总资产的效率与效益。总资产周转率可以反映出企业总资产的效率。

1. 总资产产值率

总资产产值率，指总资产与总产值之间的比率。其计算公式为：

$$总资产产值率 = \frac{总产值}{平均总资产} \times 100\%$$

该指标数值越高，说明企业资产的投入产出率越高，企业总资产运营状况越好。

2. 总资产周转率

总资产周转率，指营业收入与总资产之间的比率。其计算公式为：

$$总资产周转率 = \frac{主营业务收入}{资产平均余额} \times 100\%$$

该指标数值越高，说明企业总资产周转速度越快，企业营运能力越强。反之，则越弱。

（二）流动资产营运能力

1. 流动资产周转率

流动资产周转率，指营业收入与流动资产之间的比率。其计算公式为：

$$流动资产周转率 = \frac{营业收入}{平均流动资产} \times 100\%$$

该指标数值越高，说明企业的流动资产周转速度越快，企业营运能力越强。反之，则越弱。

2. 应收账款周转率

应收账款周转率，可以从两个角度来计算，一个是企业经营管理者可以利用赊销收入净额与应收账款之间的比率，作为内部参考数据来分析自身应收账款的周转速度快慢，这样比较准确；另一个是外部报表使用者利用营业收入与应收账款之间的比率来评价应收账款的周转速度，因为赊销收入净额一般为企业的商业秘密，在对外公布的报表中是很难获悉的。在这里值得一提的是，应收账款不是单指会计核算中的应收账款，应收票据也包括在内。其计算公式为：

$$应收账款周转率 = \frac{赊销收入净额}{应收账款平均余额} \times 100\%$$

$$或：应收账款周转率 = \frac{主营业务收入}{应收账款平均余额} \times 100\%$$

该指标数值越高，说明企业收款速度越快，资产流动性强，坏账损失发生的概率低。

3. 存货周转率

存货周转率，是指主营业务成本与存货平均余额之间的比率。其计算公式为：

$$存货周转率 = \frac{主营业务成本}{存货平均余额} \times 100\%$$

该指标数值要适度，一般而言，数值越高说明企业存货周转速度越快，但偏高的周转率也并不一定代表企业经营管理出色，有可能是为了扩大销路而降价销售或大量赊销所致；而存货周转率偏低时，与企业经营管理密切相关，可能由以下原因引起：

①经营不善，产品滞销；

②预测存货将涨价，故意囤积，等待获利时机；

③企业销售政策发生变化。

（三）固定资产利用效果分析

1. 固定资产产值率

固定资产产值率，指总产值与固定资产之间的比率。其计算公式为：

$$固定资产产值率 = \frac{总产值}{平均固定资产} \times 100\%$$

2. 固定资产收入率

固定资产收入率，指营业收入与固定资产之间的比率。其计算公式为：

$$固定资产收入率 = \frac{营业收入}{平均固定资产} \times 100\%$$

企业的营运资产，主体是流动资产和固定资产，尽管无形资产是企业资产的重要组成部分，并随着工业经济时代向知识经济时代转化，在企业资产中所占比重越来越高，而且在提高企业经济效益方面发挥巨大的作用，但无形资产的作用必须通过或依附于有形资产才能发挥出来。从这个意义上说，企业营运资产的利用及其能力如何，将从根本上决定企业的经营状况和经济效益。因此，企业经营管理者进行财务分析时，通常可以利用总资产周转率、流动资产周转率、应收账款周转率以及存货周转率的高低来判断企业营运能力强弱，这些指标都是正指标，指标数值越高越好，分析时可以先从总资产周转率入手，由上而下，层层深入。总资产周转率的快慢，取决于流动资产周转率的快慢和流动资产、固定资产比重的高低。如果流动资产周转率是影响总资产周转率的主要因素，再进一步分析流动资产中的存货和应收账款周转率的高低对其影响程度，找到主要根源，采取相应措施对存货或应收账款做出处理，以提高流动资产周转速度；如果固定资产周转率是影响总资产的主要因素，就要结合固定资产产值率、收入率以及固定资产的内部构成进行分析，对于影响总资产周转速度的资产进行处置，避免不必要的闲置浪费现象，也要杜绝超期服役的固定资产，及时报废清理，提高固定资产使用效率，从而增强经济效益。

下面根据 ABC 公司资料，对其营运能力进行分析评价。

表 6-7　　　　　　　　　　　ABC公司资产负债表（简表）　　　　　　　　单位：万元

| 资产 | 金额 | | 负债及所有者权益 | 金额 | |
|---|---|---|---|---|---|
| | 2000 年 | 2001 年 | | 2000 年 | 2001 年 |
| 流动资产： | | | 流动负债： | | |
| 货币资金 | 800 | 900 | 短期借款 | 2000 | 2300 |
| 短期投资 | 1000 | 500 | 应付账款 | 1000 | 1200 |
| 应收账款 | 1200 | 1300 | 预收账款 | 300 | 400 |
| 预付账款 | 40 | 70 | 其他应付款 | 100 | 100 |

| 资产 | 金额 | | 负债及所有者权益 | 金额 | |
|---|---|---|---|---|---|
| | 2000 年 | 2001 年 | | 2000 年 | 2001 年 |
| 存货 | 4000 | 5200 | 流动负债合计 | 3400 | 4000 |
| 其他流动资产 | 60 | 80 | 长期负债 | 2000 | 2500 |
| 流动资产合计 | 7100 | 8050 | 所有者权益： | | |
| 长期投资 | 400 | 400 | 实收资本 | 12000 | 12000 |
| 固定资产净值 | 12000 | 14000 | 盈余公积 | 1600 | 1600 |
| 无形资产 | 500 | 550 | 未分配利润 | 1000 | 2900 |
| | | | 所有者权益合计 | 14600 | 16500 |
| 资产总计 | 20000 | 23000 | 负债及所有者权益合计 | 20000 | 23000 |

表 6 - 8　　　　　　　　　　　　　　**ABC 公司利润表**　　　　　　　　　　单位：万元

| 项目 | 上年数 | 本年数 |
|---|---|---|
| 一、主营业务收入 | 18000 | 20000 |
| 　减：主营业务成本 | 10700 | 12200 |
| 　　　主营业务税金及附加 | 1080 | 1200 |
| 二、主营业务利润 | 6220 | 6600 |
| 　加：其他业务利润 | 600 | 1000 |
| 　减：销售费用 | 1620 | 1900 |
| 　　　管理费用 | 800 | 1000 |
| 　　　财务费用 | 200 | 300 |
| 三、营业利润 | 4200 | 4400 |
| 　加：投资收益 | 300 | 300 |
| 　　　营业外收入 | 100 | 150 |
| 　减：营业外支出 | 600 | 650 |
| 四、利润总额 | 4000 | 4200 |
| 　减：所得税（税率 40%） | 1600 | 1680 |
| 五、净利润 | 2400 | 2520 |

由表 6 - 7、表 6 - 8 的数据，层层深入分别计算该公司的总资产周转率、流动资产周转率、应收账款周转率、存货周转率，以此来分析评价其营运能力。

表 6 - 9　　　　　　　　　　　　总资产周转率计算表　　　　　　　　　　单位：万元

| 项目 | 1999 年 | 2000 年 | 2001 年 |
|---|---|---|---|
| 主营业务收入净额 | | 18000 | 20000 |
| 全部资产年末余额 | 19000 | 20000 | 23000 |
| 全部资产平均余额 | | 19500 | 21500 |
| 全部资产周转次数 | | 0.92 | 0.93 |

表 6 - 10　　　　　　　　　　　流动资产周转率计算表　　　　　　　　　单位：万元

| 项目 | 1999 年 | 2000 年 | 2001 年 |
|---|---|---|---|
| 主营业务收入净额 | | 18000 | 20000 |
| 流动资产年末余额 | 6000 | 7100 | 8050 |
| 流动资产平均余额 | | 6550 | 7575 |
| 流动资产周转次数 | | 2.75 | 2.64 |
| 流动资产周转天数 | | 131.0 | 136.4 |

表 6 - 11　　　　　　　　　　　固定资产周转率计算表　　　　　　　　　单位：万元

| 项目 | 1999 年 | 2000 年 | 2001 年 |
|---|---|---|---|
| 主营业务收入净额 | | 18000 | 20000 |
| 固定资产年末净值 | 11800 | 12000 | 14000 |
| 固定资产平均净值 | | 11900 | 13000 |
| 固定资产周转次数 | | 1.51 | 1.54 |

ABC 公司 2000 年和 2001 年主营业务收入中赊销部分均占 30%，计算应收账款周转率。

表 6 - 12　　　　　　　　　　　应收账款周转率计算表　　　　　　　　　单位：万元

| 项目 | 1999 年 | 2000 年 | 2001 年 |
|---|---|---|---|
| 赊销收入净额 | | 5400 | 6000 |
| 应收账款年末余额 | 1100 | 1200 | 1300 |
| 应收账款平均余额 | | 1150 | 1250 |
| 应收账款周转次数 | | 4.7 | 4.8 |
| 应收账款周转天数 | | 76.6 | 75 |

表 6 - 13　　　　　　　　　　　存货周转率计算表　　　　　　　　　　单位：万元

| 项目 | 1999 年 | 2000 年 | 2001 年 |
|---|---|---|---|
| 主营业务成本 | | 10700 | 12200 |
| 存货年末余额 | 3800 | 4000 | 5200 |
| 存货平均余额 | | 3900 | 4600 |
| 存货周转次数 | | 2.74 | 2.65 |
| 存货周转天数 | | 131.4 | 135.8 |

　　综观表 6 - 9～表 6 - 13 表格中的数据得知，该公司 2001 年全部资产周转率比 2000 年略有所加快。这是因为公司固定资产平均净值的增长程度（9.24%）虽低于主营业务收入的增长程度（11.11%），但流动资产平均余额的增长程度（15.65%）却大大高于主营业务收入的增长程度，所以总资产的利用效果提高，但幅度不大。其中固定资产周转率的提高对总资产周转率的变化起到了正面影响，而 2001 年流动资产周转速度比 2000 年延缓了 5.4 天，流动资金占用增加，对总资产周转率起到了负面影响。究其原因是该企业 2001 年存货周转率比 2001 年有所延缓，次数由 2.74 次降为 2.65 次，周转天数由 131.4 天增为 135.8 天所致，这反映出该企业 2001 年存货管理效率下降，使 2001 年存货增长幅度过大。而该企业 2001 年应收账款周转率比 2000 年虽有所改善，周转次数由 4.7 次提高为 4.8 次，周转天数 76.6 天缩短为 75 天，但因变化不明显，对流动资产周转率不构成影响，从而也没有对总资产周转率起到促进作用。总之，企业经营管理者面对这样的结果，总资产营运能力虽然有所增强，但幅度不大，优势不明显，不应急于乐观。作为管理者，应该采取有效措施加大力度增强资产的流动性和固定资产的利用效率，因为它关系到企业的资金链和赢利能力，否则，会影响企业的经济效益，而陷入财务危机。

# 任务三　债权人的应用

## 一、债权人进行财务分析的目标

　　企业债权人包括企业借款的银行和一些金融机构，以及购买企业债券的单位与个人等。债权人进行财务分析的目标与经营管理者和投资者都不同，银行等债权人一方面从各自经营或收益目的出发愿意将资金贷给某企业，另一方面又要非常小心地观察和分析该企业有无违约或清算、破产的可能性。一般来说，银行、金融机构及其他债权人不仅要求本金能及时收回，而且要得到相应的报酬或收益，而这个收益的大小又与其承担的风险程度相适应，通常偿还期越长，风险越大。因此，从债权人角度进行财务分析的主要目标，一是看其对企业的借款或其他债权是否能及时、足额收回，即分析评价企业偿债能力的大小；二是看债务人的收益状况与风险程度是否相适应，为此，还应将偿债能力分析与赢利能力分析相结合。

## 二、债权人角度的财务分析

债权人进行偿债能力分析时主要包括短期偿债能力分析、长期偿债能力分析两方面内容。

### (一) 短期偿债能力分析

短期偿债能力一般也称为支付能力，主要是通过流动资产的变现来偿还到期的短期债务。最能反映企业短期偿债能力的指标，是建立在对企业流动资产和流动负债关系的分析之上的，主要有流动比率、速动比率和现金比率。具体内容在财务报表分析章节已阐述，在此不详述。其计算公式分别为：

$$流动比率=\frac{流动资产}{流动负债}$$

$$速动比率=\frac{流动资产-存货}{流动负债}$$

$$现金比率=\frac{现金+现金等价物}{流动负债}$$

流动比率一般认为应达到 2：1。该指标越高，表明企业的偿付能力越强，债权人安全程度越高，对其资产偿付越有保障。流动比率的计算方法简单，资料来源比较可靠，对于债权人很容易计算出来并据此做出企业偿债能力的判断。但也有一些因素会制约债权人做出正确的判断，如流动资产中包含了变现速度最慢的存货，以及流动性很低的预付账款，它们的存在影响了债权人对于企业偿债能力的合理判断，会造成企业短期偿债能力较强的假象，因此，需要将这些项目从流动资产中剔除，形成速动资产。用速动资产与流动负债相比计算得出速动比率，来弥补流动比率的不足，一般标准为 1：1。如果债权人发现企业面临财务危机或有大量的坏账出现，也可以直接用现金类资产来偿付流动负债，计算得出现金比率，一般认为这一比率应在 20% 左右，对于债权人而言，这样可以更谨慎地判断企业的短期支付能力强弱，从而及早做出决策。

债权人在分析企业短期偿债能力时，三个指标要相互结合，比率越大，债权人的安全边际越大，全额收回债权的可靠程度越高。另外，流动负债是计算以上三个指标的基础，流动负债的结构、规模对企业流动资产需要程度的影响是不一致的。例如，预收账款比重较大时，对流动比率的要求就相对高些；短期借款和应付账款比重较大时，对速动比率和现金比率的要求就相对高些。但三个指标的计算结果并没有反映。所以，债权人在分析企业短期偿债能力时，也要关注流动负债的规模和结构的变化。

### (二) 长期偿债能力分析

长期偿债能力是指企业偿还非流动负债的能力，或者说企业偿还非流动负债的保障程度。从企业的偿债义务来看，包括按期偿付本金和按期支付利息两个方面。短期债务可以通过流动资产变现来偿付，因为流动资产的取得往往以短期负债为其资金来源。而企业的非流动负债大多用于非流动资产投资，形成企业的长期资产，在正常生产经营条件下，企业不可能靠出售资产作为偿债的资金来源，而只能依靠企业的生产经营所得。从举债的目的来看，企业使用资金成本可以在税前扣除，从而获得财务杠杆效益，增加企业收益，利息支出理所当然从收益中予以偿付。因此，企业的长期偿债能力与其赢利能力密切相关。一般而言，企

业的赢利能力越强，长期偿债能力越强；反之，则长期偿债能力越弱。如果企业长期亏损，就要被迫变卖资产清偿债务，否则影响企业正常的生产经营活动，最终影响债权人利益。

　　长期偿债能力分析的主要指标有：资产负债率、有形资产负债率等。前面财务报表分析章节已阐述，在此不详述，只就资产负债率对债权人的影响程度来谈。该指标越低越好，因为企业的债务越轻，其总体偿债能力越强，债权人权益的保障程度越高。特别是在企业清算时，资产变现价值很可能低于账面价值，而投资者一般只承担有限责任，这一比率越高，债权人蒙受损失的可能性就越大。

　　资产负债率是综合反映企业偿债能力的重要指标，其计算公式为：

$$资产负债率 = \frac{负债总额}{资产总额} \times 100\%$$

　　有形资产负债率是从稳健原则出发，特别是考虑到企业在清算时的偿债能力，是比较保守的一个指标，通过从资产中扣除无形资产后计算得出，其计算公式为：

$$有形资产负债率 = \frac{负债总额}{资产总额 - 无形资产} \times 100\%$$

　　下面仍沿用导入案例作为分析对象，从债权人角度分析其长短期偿债能力的变化。

　　《中国金属年报》披露的信息以及媒体报道表明，该公司借助高负债资金实现高速扩张，其后果是不仅使自己处于高风险之中，把债权人也推向高风险的境地。

表 6-14　　　　　　　　　　短期偿债能力指标　　　　　　　　　　单位：%

| 指标　＼　年度 | 2004 年 | 2005 年 | 2006 年 | 2007 年 |
|---|---|---|---|---|
| 流动比率 | 0.92 | 1.87 | 1.21 | 0.95 |
| 速动比率 | 0.79 | 1.47 | 0.61 | 0.62 |
| 现金比率 | 0.04 | 0.01 | 0.05 | 0.03 |

表 6-15　　　　　　　　　　长期偿债能力指标　　　　　　　　　　单位：%

| 指标　＼　年度 | 2004 年 | 2005 年 | 2006 年 | 2007 年 |
|---|---|---|---|---|
| 资产负债率 | 0.75 | 0.72 | 0.71 | 0.51 |
| 有形资产负债率 | 0.75 | 0.72 | 0.73 | 0.74 |

表 6-16　　　　　　　　　　长期资产、流动资产增长情况

| 项目　＼　年度 | 2004 年 金额（百万元） | 2005 年 金额（百万元） | 2005 年 增加比例（%） | 2006 年 金额（百万元） | 2006 年 增加比例（%） | 2007 年 金额（百万元） | 2007 年 增加比例（%） |
|---|---|---|---|---|---|---|---|
| 流动资产 | 586.84 | 1470.37 | 1.51 | 1693.15 | 1.89 | 5149.41 | 7.77 |
| 长期资产 | 272.45 | 395.48 | 0.45 | 1292.24 | 3.74 | 7749.26 | 27.44 |

表 6-17　　　　　　　　　　　应收账款、存货占净利润的比例

| 年度<br>项目 | 2004 年 | 2005 年 | 2006 年 | 2007 年 |
|---|---|---|---|---|
| 应收账款（百万元） | 318.50 | 938.33 | 827.38 | 3143.36 |
| 净利润占应收账款比例（%） | 34.07 | 15.57 | 32.52 | 12.13 |
| 存货（百万元） | 81.32 | 315.52 | 840.01 | 1809.47 |
| 净利润占存货比例（%） | 133.43 | 46.31 | 32.03 | 21.07 |

由表 6-14～表 6-17 可知，如果债权人利用流动比率、速动比率、现金比率这三个财务指标分析中国金属的短期偿债能力，除了 2005 年外，该公司这三项指标都处于比较低的水平。特别是在 2007 年流动比率不到 1，而速动比率仅为 0.62，这说明该公司资产流动性低，不能偿还短期债务的风险比较大，对债权人构成较高的财务风险。而对于中国金属的长期偿债能力更令人担忧，除 2007 年以外，该公司资产负债率高达 71% 以上，有形资产负债率一直保持在 72% 以上的高水平。从《中国金属年报》获悉，2007 年之所以资产负债率较低的原因主要是：在 2007 年收购中，因为溢价收购，一方面增加了中国金属的商誉；另一方面增加了所有者权益，相对地降低了负债额，导致资产负债率下降，导致了偿债能力虚增的假象，实际上对债权人而言，这类商誉在企业破产清算时并不能用来偿还债务。银行借款是中国金属总债务的主要构成部分，债务利息虽然给企业带来财务杠杆效益，但毕竟形成固定费用，也需要企业来偿付，这样高水平的银行债务不仅积聚了公司的财务风险，也使债权人债务的保障程度大打折扣。前面提到，企业的长短期偿债能力与赢利能力紧密相关，导入案例曾问该公司在 2008 年上半年赢利的情况下，在下半年为什么会陷入财务危机？主要原因是该公司借助高负债资金实现高速扩张，2007 年年末流动资产与长期资产分别达到 51.49 亿元、77.49 亿元，是 2004 年的 7.77 倍以及 27.44 倍。资产规模增速如此之快，相反，2007 年中国金属净利润占应收账款的比例和净利润占存货的比例却一度下降到最低点，分别为 12.13% 和 21.07%。说明企业赢利水平的增长速度远低于资产的扩张，资产规模扩张的同时形成了大量的应收账款和存货，不仅提高了发生坏账损失的概率，也增加了存货积压而产生的跌价损失，这些都是企业面临的经营风险。对于债权人而言，如果债务人高经营风险和财务风险并存的情况下，一旦遇到不利的外部环境，将使债权人蒙受重大损失。因此，债权人应时刻关注债务人的经营状况，随时利用相关财务指标进行分析评价，及早做出合理的信贷决策。

 **重要名词中英文对照**

| | |
|---|---|
| 投资人 | Investor |
| 经营管理者 | Manager |
| 债权人 | Creditor |
| 赢利能力分析 | Analysis of profitability |

营运能力分析　　　　Analysis of enterprises' operating capacity
短期偿债能力分析　　Short-term liquidity analysis
长期偿债能力分析　　Long-term solvency analysis

 实训项目

项目一

【训练目的】掌握财务报表分析应具备的基本知识。

【训练要求】以下各题只有一个正确选项，请将正确的选项填在括号内。

1. 反映资本经营赢利能力的基本指标是（　　）。

　A. 资产负债率　　　　　　　　B. 现金比率

　C. 总资产周转率　　　　　　　D. 净资产收益率

2. 生产经营赢利能力分析是利用（　　）资料进行分析。

　A. 资产负债表　　　　　　　　B. 现金流量表

　C. 利润表　　　　　　　　　　D. 利润分配表

3. 反映资产经营赢利能力的基本指标是（　　）。

　A. 总资产净利率　　　　　　　B. 权益乘数

　C. 总资产周转率　　　　　　　D. 净资产收益率

4. 反映生产经营赢利能力的指标可分为两类，一类统称是收入利润率，另一类统称是（　　）。

　A. 销售利润率　　　　　　　　B. 成本利润率

　C. 全部成本费用率　　　　　　D. 营业成本费用利润率

5. 流动资产占总资产的比重是影响（　　）指标变动的重要因素。

　A. 总资产周转率　　　　　　　B. 总资产产值率

　C. 总资产净利率　　　　　　　D. 总资产收入率

6. 某企业现在的流动比率为 2，下列经济业务中会引起该比率降低的是（　　）。

　A. 用银行存款偿还应付账款　　B. 发行股票收到银行存款

　C. 收回应收账款　　　　　　　D. 开出短期票据借款

7. 如果流动比率大于 1，则下列结论成立的是（　　）。

　A. 速动比率大于 1　　　　　　B. 现金比率大于 1

　C. 短期偿债能力有保障　　　　D. 营运资本大于 0

8. 某企业年初流动比率为 2.2，速动比率为 1；年末流动比率为 2.4，速动比率为 0.9。发生这种情况的原因可能是（　　）。

　A. 存货增加　　　　　　　　　B. 应付账款增加

　C. 预收账款增加　　　　　　　D. 应收账款增加

9. 下列项目中，不属于速动资产的项目是（　　）。

　A. 货币资金　　　　　　　　　B. 预付账款

　C. 应收账款　　　　　　　　　D. 应收票据

10. 下列不属于企业债权人的是（　　）。

A. 企业借款的银行　　　　　　　　B. 购买企业债券的单位与个人

C. 金融机构　　　　　　　　　　　D. 经营管理者

项目二

【训练目的】掌握财务报表分析应具备的基本知识。

【训练要求】以下各题有多个正确选项，请将正确的选项填在括号内。

1. 反映收入利润率的指标主要有（　　）等。

A. 营业收入利润率　　　　　　　　B. 营业收入毛利率

C. 销售净利率　　　　　　　　　　D. 总资产净利率

2. 反映成本利润率的指标主要有（　　）等。

A. 营业成本利润率　　　　　　　　B. 营业费用利润率

C. 全部成本费用利润率　　　　　　D. 全部成本费用净利率

3. 营业费用总额包括（　　）。

A. 营业成本　　　　　　　　　　　B. 营业税金及附加

C. 期间费用　　　　　　　　　　　D. 资产减值损失

4. 反映企业营运能力的指标有（　　）。

A. 资产负债率　　　　　　　　　　B. 存货周转率

C. 应收账款周转率　　　　　　　　D. 流动资产周转率

5. 应收账款周转率越高越好，因为它表明（　　）。

A. 收款迅速　　　　　　　　　　　B. 利润增加

C. 资产流动性高　　　　　　　　　D. 减少坏账损失

6. 存货周转率偏低的原因可能是（　　）。

A. 产品滞销　　　　　　　　　　　B. 应收账款增加

C. 销售政策发生变化　　　　　　　D. 降价销售

7. 下列项目中，属于速动资产的项目是（　　）。

A. 货币资金　　　　　　　　　　　B. 固定资产

C. 应收账款　　　　　　　　　　　D. 存货

8. 下列项目中，反映短期偿债能力的指标是（　　）。

A. 流动比率　　　　　　　　　　　B. 应收账款周转率

C. 现金比率　　　　　　　　　　　D. 速动比率

9. 下列各项指标中，可用于衡量企业长期偿债能力的有（　　）。

A. 资产负债率　　　　　　　　　　B. 应收账款周转率

C. 有形资产负债率　　　　　　　　D. 现金比率

10. 投资者了解被投资企业赢利能力应从（　　）角度进行分析。

A. 生产经营　　　　　　　　　　　B. 资本经营

C. 资产经营　　　　　　　　　　　D. 负债经营

项目三

【训练目的】掌握财务报表分析的基本方法。

【训练要求】阅读报表完成相关收入利润率和成本利润率分析。

某公司2005年度、2006年度有关经营成果资料如表6-18所示。

表6-18  利润表  单位：千元

| 项目 | 2005年 | 2006年 |
|---|---|---|
| 一、营业收入 | 134568 | 368321 |
| 减：营业成本 | 67986 | 156989 |
| 营业税金及附加 | 28450 | 75588 |
| 销售费用 | 2040 | 3002 |
| 管理费用 | 4700 | 9980 |
| 财务费用 | 4654 | 8620 |
| 其中：利息支出 | 6894 | 10112 |
| 资产减值损失 | 1009 | 2080 |
| 加：投资收益 | 2257 | 5365 |
| 二、营业利润 | 27986 | 117427 |
| 加：营业外收入 | 22032 | 37987 |
| 减：营业外支出 | 4522 | 6211 |
| 三、利润总额 | 45496 | 149203 |
| 减：所得税费用 | 11374 | 37300 |
| 四、净利润 | 34122 | 111903 |

要求：

根据上述资料，计算两个年度的收入利润率、成本利润率及其变动情况。

项目四

【训练目的】掌握财务报表分析的基本方法。

【训练要求】阅读报表完成相关分析。

东风机械厂的资料如表6-19、表6-20、表6-21所示。

表6-19  资产负债表（简表）

编制单位：东方机械厂  2002年12月31日  单位：元

| 资产 | 年初数 | 年末数 | 负债及所有者权益 | 年初数 | 年末数 |
|---|---|---|---|---|---|
| 流动资产： | | | 流动负债： | | |
| 货币资金 | 1430000 | 2216072 | 短期借款 | 100000 | 100000 |
| 应收票据 | 282000 | 570000 | 应付票据 | 350000 | 517000 |
| 应收账款 | 198000 | 429660 | 应付账款 | 250000 | 129800 |

| 资产 | 年初数 | 年末数 | 负债及所有者权益 | 年初数 | 年末数 |
|---|---|---|---|---|---|
| 其他应收款 | 0 | 0 | 预收账款 | 0 | 40000 |
| 预付账款 | 0 | 0 | 应付股利 | 0 | 300000 |
| 应收补贴款 | 0 | 0 | 应交税金 | 100068 | 211000 |
| 存货 | 430000 | 520000 | 其他应交款 | 0 | 0 |
| 流动资产合计 | 2340000 | 3735732 | 其他流动负债 | 20000 | 24000 |
| 长期投资 | 1300000 | 1480000 | 流动负债合计 | 820068 | 1321800 |
| 固定资产原价 | 2500000 | 2700000 | 长期借款 | 880000 | 1190000 |
| 减：累计折旧 | 400000 | 580000 | 长期负债合计 | 880000 | 1190000 |
| 固定资产净值 | 210000 | 2120000 | 负债合计 | 1700068 | 2511800 |
| 减：固定资产减值准备 | 0 | 20000 | 股本 | 2000000 | 2000000 |
| 固定资产净额 | 2100000 | 2100000 | 资本公积 | 900000 | 900000 |
| 在建工程 | 0 | 342000 | 盈余公积 | 19932 | 301132 |
| 固定资产合计 | 2100000 | 2442000 | 其中：公益金 | 9966 | 150566 |
| 无形资产 | 0 | 0 | 未分配利润 | 1120000 | 1944800 |
| 长期待摊费用 | 0 | 0 | 股东权益合计 | 4039932 | 5145932 |
| 无形资产及其他资产合计 | 0 | 0 | | | |
| 资产总计 | 5740000 | 7657732 | 负债及股东权益合计 | 5740000 | 7657732 |

表 6 - 20 利润表（简表）

编制单位：东方机械厂　　　　　　　　2002 年度　　　　　　　　单位：元

| 项目 | 2002 年度 | 2001 年度 |
|---|---|---|
| 一、主营业务收入 | 8700000 | 7800000 |
| 减：主营业务成本 | 6060000 | 5460000 |
| 主营业务税金及附加 | 350000 | 36000 |
| 二、主营业务利润 | 2290000 | 2304000 |
| 加：其他业务利润 | 0 | 0 |
| 减：营业费用 | 0 | 0 |
| 管理费用 | 360000 | 314040 |
| 财务费用 | 300000 | 114000 |
| 三、营业利润 | 1630000 | 1875960 |
| 加：投资收益 | 500000 | 60000 |

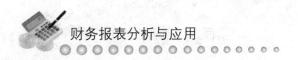

| 项目 | 2002 年度 | 2001 年度 |
|---|---|---|
| 补贴收入 | 0 | 0 |
| 营业外收入 | 0 | 0 |
| 减：营业外支出 | 130000 | 120000 |
| 四、利润总额 | 2000000 | 1815960 |
| 减：所得税 | 594000 | 582000 |
| 五、净利润 | 1406000 | 1233960 |

表 6 - 21　　　　　　　　　　现金流量表

编制单位：东方机械厂　　　　　2002 年度　　　　　　　　单位：元

| 项目 | 金额 |
|---|---|
| 一、经营活动产生的现金流量 | |
| 销售商品、提供劳务收到的现金 | 10453000 |
| 收到的税费返还 | 0 |
| 收到的其他与经营活动有关的现金 | 0 |
| 现金流入小计 | 10453000 |
| 购买商品、接受劳务支付的现金 | 7378200 |
| 支付给职工以及为职工支付的现金 | 710000 |
| 支付的各项税费 | 1303068 |
| 支付的其他与经营活动有关的现金 | 367660 |
| 现金流出小计 | 9758928 |
| 经营活动产生的现金净流额 | 694072 |
| 二、投资活动产生的现金流量 | |
| 收回投资所收到的现金 | 0 |
| 取得投资收益收到的现金 | 500000 |
| 处置固定资产、无形资产和其他长期资产而收回的现金净额 | 0 |
| 收到的其他与投资活动有关的现金 | 0 |
| 现金流入小计 | 500000 |
| 购建固定资产、无形资产和其他长期资产而支付的现金 | 408000 |
| 投资所支付的现金 | 100000 |
| 支付的其他与投资活动有关的现金 | 0 |
| 现金流出小计 | 508000 |

| 项目 | 金额 |
|---|---|
| 投资活动产生的现金净流额 | −8000 |
| 三、筹资活动产生的现金流量 | |
| 吸收投资所收到的现金 | 0 |
| 取得借款所收到的现金 | 300000 |
| 收到的其他与筹资活动有关的现金 | 0 |
| 现金流入小计 | 300000 |
| 偿还债务所支付的现金 | 0 |
| 分配股利、利润和偿付利息所支付的现金 | 200000 |
| 支付的其他与筹资活动有关的现金 | 0 |
| 现金流出小计 | 200000 |
| 筹资活动产生的现金净流额 | 100000 |
| 四、汇率变动对现金的影响 | 0 |
| 五、现金及现金等价物净增加额 | 786072 |
| 将净利润调节为经营活动现金流量 | |
| 净利润 | 1406000 |
| 　加：计提的资产损失准备 | 22340 |
| 固定资产折旧 | 200000 |
| 无形资产摊销 | 0 |
| 长期摊销费用 | 0 |
| 待摊费用减少（减：增加） | 0 |
| 预提费用增加（减：减少） | 0 |
| 处置固定资产、无形资产和其他长期资产的损失（减：收益） | 0 |
| 固定资产报废损失 | 0 |
| 财务费用 | 214000 |
| 投资损失（减：收益） | −500000 |
| 递延税款贷项（减：借项） | 0 |
| 存货的减少（减：增加） | −290000 |
| 经营性应收项目的减少（减：增加） | −522000 |
| 经营性应付项目的增加（减：减少） | 197732 |
| 其他 | −34000 |
| 经营活动产生的现金流量净额 | 694072 |

要求：

根据有关资料分别从投资人、经营管理者、债权人角度，对企业进行分析评价。

（其他有关资料：假设该机械厂年初经营活动的现金流量净额为442800元，同期同行业先进债务总额比均为15％。2000年年末应收账款余额为72500元，存货余额为480000元，流动资产余额为3687000元，固定资产净值为1980000元，各项长期资产余额为3265000元。2002年利息总支出为350000元，2001年为160000元，2001年的期初资产总额为6952000元，资本金没有变化。）

延伸阅读

## 财务分析在并购决策中的运用案例

一家企业（以下简称甲方）准备收购另一家企业（以下简称乙方）。甲方与乙方为生产同类产品的企业，其中甲方为国有独资企业，注册地在广州，乙方为中外合资企业，其中方母公司（控股50％）是一家国内上市公司，外方母公司（控股50％）是一家境外上市公司，乙方的注册地在外省。甲方的母公司与乙方的外方母公司在广州有几个优质的合作项目。本次应乙方的外方母公司要求，甲方的母公司指令甲方收购乙方50％的股权，甲方接到指令后，立即开始进行可行性分析工作。但因乙方位于外地，而且是非上市公司，资料收集非常困难，甲方仅获取了一份乙方2005年度的审计报告和财务报告。

在掌握现有材料的基础上，甲方拟定了通过分析财务指标判断其偿债能力、营运能力、赢利能力和发展能力，及通过财务预警分析判断其有无财务危机的计划，并分析了并购可能出现的风险。

1. 通过比较乙方2004年年末和2005年年末的财务指标，分析乙方的偿债能力、营运能力、赢利能力和发展能力

由于手头资料有限，甲方计算各种财务比率时所需的存量指标如资产、负债、所有者权益等，只有使用期末数，才能做出两个年度的比较。此外，由于没有同行业年平均水平的相关资料，甲方以2006年1～5月主营业务收入全国排名前10位的同行业的相关资料代替同行业平均水平。在采取上述方法下，甲方计算出乙方2004年、2005年各种经营指标的结果见表6-22。

根据上述计算结果，我们可以看出，乙方2005年相对于2004年来说，偿债能力各项指标（除了利息倍数之外）都提高了，表明乙方在偿债能力上出现了有利的变化。进一步分析可以看到，乙方2005年相对于2004年应收账款的增长率为181.3％，流动资产的增长率为15.55％，固定资产净值的增长率为2.61％，而流动负债的增长率为−0.04％，这是引起流动比率及速动比率上升、资产负债率下降的主要原因。乙方2005年并购一家企业使净资产增加23％，是引起产权比率下降的主要原因。但是，乙方2005年利息倍数虽然大于1，却比2004年下降不少，这是由于2005年相对于2004年利息支出的增长率为−25.72％，而利润总额的增长率为−97.65％。虽然相对2004年来说偿债能力各指标（除了利息倍数之外）都提高了，但长、短期偿债能力相对于同行业较好水平仍有较大差

距。通过比较上表发现乙方 1～4 项指标都低于同行业较好水平，提示乙方偿债能力较弱。

在营运能力指标上，各资产周转率指标（除了存货周转率之外）都出现了不同程度的下降，表明乙方在营运能力上出现了不利的变化。进一步分析可以发现，由于乙方 2005 年相对于 2004 年主营业务收入的增长率为－3.39%，而应收账款的增长率为 181.3%，表明乙方资金营运能力下降或销售政策发生很大变化。但营运能力指标仍高于同行业较好水平，提升乙方营运能力虽然下降但不低于同行业水平。

表 6－22　　　　　　　　　　　乙方企业主要财务指标一览表

| 项目 | 2004 年度或年末 | 2005 年度或年末 | 变动 | 同行业较好水平<br>（2005 年 12 月 31 日） |
|---|---|---|---|---|
| 一、偿债能力指标 | | | | |
| 1. 流动比率 | 0.73 | 0.84 | 0.11 | 1.40 |
| 2. 速动比率 | 0.53 | 0.65 | 0.12 | 1.11 |
| 3. 资产负债率 | 0.70 | 0.65 | －0.05 | 0.48 |
| 4. 产权比率 | 2.23 | 1.81 | －0.42 | 1.11 |
| 5. 利息倍数 | 1.91 | 1.02 | －0.89 | |
| 二、营运能力指标 | | | | |
| 1. 应收账款周转率 | 34.94 | 12.00 | －22.94 | 7.86 |
| 2. 存货周转率 | 8.95 | 9.00 | 0.04 | 6.05 |
| 3. 流动资产周转率 | 3.04 | 2.54 | －0.50 | |
| 4. 固定资产周转率 | 3.98 | 3.72 | －0.26 | |
| 5. 总资产周转率 | 1.51 | 1.36 | －0.15 | 1.26 |
| 三、赢利能力指标 | | | | |
| 1. 经营毛利率 | 0.2013 | 0.1906 | －0.0107 | 0.1311 |
| 2. 主营业务利润率 | 0.14 | 0.12 | －0.02 | |
| 3. 销售净利率 | 0.0067 | 0.0002 | －0.0065 | 0.0158 |
| 4. 总资产净利率 | 0.0101 | 0.0002 | －0.0099 | |
| 5. 净资产收益率 | 0.0326 | 0.0006 | －0.0320 | 0.045 |
| 四、发展能力指标 | | | | |
| 1. 营业增长率 | | －0.03 | －0.02 | |
| 2. 总资产增长率 | | 0.07 | 0.0041 | |
| 3. 净利润增长率 | | 0.98 | －0.44 | |
| 4. 净资产增长率 | | 0.23 | 0.05 | |

在赢利能力指标上，从表 6－22 中看出五个利润率指标都下降了，表明乙方的赢利能

力出现不利的变化。进一步分析可以发现，乙方2005年相对于2004年，主营业务收入下降了14000万元，经营毛利率下降了1.07%，主营业务利润率下降了2个百分点，但管理费用却增长了2200万元，增长率为8.3%。总资产虽然增长了7%，但净利润却减少了2500万元，增长率为−97.65%，提示乙方市场竞争力下降，资产综合利用效果较差，自有资金获取收益的能力较差。与同行业较好水平比较，除经营毛利率高出之外。销售净利率及净资产收益率均大大低于同行业较好水平。

在发展能力指标上，乙方总资产的增长率为7%，净资产的增长率为23%，主要由吸收合并了一家同类型企业（以下简称丙方）的资产所致。但是。乙方总资产和净资产规模的扩大却没有带来预期的经济利益，2005年销售收入减少了14000万元，降低了3个百分点；净利润减少了2500万元，增长率为−97.65%。发展能力指标的下降提示乙方市场份额萎缩，发展能力减弱。

2. 通过对会计报表单项数据及相关资料的分析来判断乙方财务状况有无呈现不稳定的现象

（1）乙方2005年度审计报告中的会计报表附注——关联关系及交易披露，存在共同控制关系的关联方为外方母公司（控股50%）和中方母公司（控股50%），没有与中方母公司的关联交易，关联往来余额20万元，与外方母公司存在购销交易，2004年向外方母公司购货12000万元，2005年向外方母公司购货10000万元。2004年向外方母公司销货80000万元，占全年销货量的18.50%，2005年向外方母公司销货70000万元，占全年销货量的18.20%。乙方应收账款年末欠款前五名单位（欠款金额占年末应收账款总额的62.50%）为全国五个不同省市同类产品专业销售公司，除两家单位外，其余三家单位没有证据表明与乙方存在控制或共同控制关联方关系。由此判断，乙方没有过度依赖关联交易的情况。

（2）乙方没有长期负债，短期借款5000万元已于2005年度归还。2005年年初、年末主要流动负债如表6-23所示：

表6-23　　　　　　　　　2005年乙方企业主要流动负债数据一览表

| 项目 | 年初数（万元） | 年末数（万元） | 增减额（万元） | 增减率（%） |
|---|---|---|---|---|
| 应付票据 | 55000.00 | 66000.00 | 11000.00 | 20.00 |
| 应付账款 | 89500.00 | 88500.00 | −1000.00 | −1.12 |
| 预收账款 | 16000.00 | 13000.00 | −3000.00 | −18.75 |
| 预提费用 | 10300.00 | 12900.00 | 2600.00 | 25.24 |

乙方运营资金为−30000万元，运营资金缺口较大。此外，乙方2005年度经营现金净流量为17800万元，现金净流量为3100万元，有形资产总额（资产总额减去无形资产和长、短期待摊费用后的余额）为248560万元，现金流动负债比率为10%，债务保障率为1.80%，有形资产负债率为71.50%，上述指标进一步提示乙方长、短期偿债能力较弱。

（3）乙方2005年6月吸收合并丙方，使实收资本增加了25000万元，资本规模扩大了 30％，但同时亏损增加了 7000 万元，加上乙方原有的亏损 3000 万元，截至 2005 年 12 月 31 日，乙方的亏损额为 10000 万元。近几年，乙方所在行业面临多重挑战：首先，因产品在城市已达到饱和状态，致使全行业出现了整体负增长；其次，因近几年原材料价格全球性持续上涨而使产品单位成本逐年上升；最后，2005 年国家规定执行的全国统一合格证并进入国家统一数据库这一制度，使业内一些企业为逃避政策限制，提前备货、降价促销也使销售受到一定冲击。由于上述原因，乙方 2005 年度主营业务销售额比 2004 年度下降了 3.39％，净利润下降了 97.65％，2006 年上半年主营业务销售额比去年同期下降了 14.63％，净利润下降了 247.32％，如果这种趋势持续下去，弥补亏损的期限将会延长或亏损难以弥补，乙方资本扩张预期的经济利益将难以实现。

（4）乙方 2005 年应收账款账面余额年末比年初增加了 21000 万元，增幅为 1.81 倍（乙方会计报表附注解释，主要系 2005 年销售政策变化允许向部分经销商赊销所致），而乙方主营业务销售额 2005 年比 2004 年减少了 13200 万元，降幅为 3.39％。

3. 收购乙方可能带来的风险

（1）营运风险。收购后，可能并不会产生协同效应，并购双方资源难以实现共享互补，甚至出现规模不经济的情况，收购方反而可能被并购方拖累。

（2）融资风险。并购企业往往需要大量资金，如果收购方筹资不当，就会对其资本结构和财务公共产生不利影响，增加财务风险。

（3）安置被收购方员工风险。在实施企业并购时，收购方往往被要求安置被收购方员工或支付相关成本。如果收购方处理不当，往往会因此背上沉重的包袱，增加其管理成本和经营成本。

（4）资产不实风险。由于并购双方的信息不对称，被并购方资产可能存在严重高估，从而给并购方造成很大的经济损失。

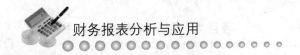
# 项目七 财务分析报告的撰写

## 学习目标

1. 知识目标
● 掌握财务分析报告的撰写步骤
● 了解财务分析报告的主要内容
● 了解财务分析报告的重要指标
● 掌握财务分析报告的撰写方法
2. 技能目标
● 学会分析、评价企业的资产结构、获利能力和获取现金的能力
● 通过对财务报表的分析，能撰写财务分析报告

## 案例导入

### 公司简介

老磨坊饭店是一个中等规模的家庭饭店，邻近有几个较大的居民区、一个商业区和两个购物中心。饭店属于家庭所有，已经经营了7年。财务报表（略）。

### 企业状况

老磨坊饭店的业务以现金支付为主，它的最重要的资产是酒类经营。与食品相比，高额的加成价差使酒类经营成为饭店的一项关键收入来源。对许多饭店来说，酒类经营就是财富的来源。对于老磨坊和其他饭店来说，另一项重要的收入来自于婚宴和聚餐等特殊项目。

老磨坊饭店是一家价格适中的家庭拥有的饭店，比那些规模大、追逐风味的饭店更容易不断地变换口味，以招徕顾客。

公司有一些欠供应商的应付账款，存货很少，几乎没有应收账款。长期资产不外乎房屋、设备、桌子、器具和一些厨房用具。

### 财务分析

服务业通常被认为风险较大，但如果合理管理、精心理财，也可以运转良好。老磨坊饭店就是很好的一例。

### 财务结构

尽管老磨坊饭店第一年的负债超过其资产净值，但留存在公司里的收益使得杠杆比例平稳下降，到第三年降到0.89。

交易账户以正常速度周转。应收账款略有增加主要是在本会计年度有一些私人欠账未付（通过查阅应收账款账户得到证实）。存货较高，主要是酒的储存，但仍与历史水平一致。

长期债务包括以业主自己拥有的房地产抵押的抵押贷款。第二年和第三年对设备进行适度更新（使长期资产增加）所需的资金来自内部资金。

在经营成果方面，老磨坊饭店保存了适中、稳定的增长势头，收益率基本固定不变，净收益（每年6％）不断地再投资到公司里。

在现金流量方面，老磨坊饭店的经营现金流量可以很好地满足资金融通的现金需要，这使得最后两年的总现金流量都为正值。

### 风险评价

如果老磨坊饭店能够如一句话所说的"一切都保存均衡"，那么它一定可以继续良好地经营下去。一个资本结构优良、管理完善的饭店面临的最大风险是顾客口味的变化，这也正是一个饭店所始料不及的，往往也是来不及做出反应。尤其是专门经营某种风味或为满足某类喜好的饭店最易受此影响。老磨坊不像那些赶时髦的大型饭店，它的家庭式的保守型风格及可预见的、稳定的烹饪都缓和了所面临的这类风险。然而，过度竞争的可能性是所有饭店面临的不可预料的威胁。

请思考：

1. 企业进行财务分析时应关注哪些方面？
2. 财务分析报告有哪些类型？

# 任务一　撰写前准备工作

财务分析报告是对企业经营状况、资金运作的综合概括和高度反映。然而要写出一份高质量的财务分析报告要事先做好准备工作。

## 一、财务分析报告的分类

财务分析报告按其内容、范围不同，可分为综合分析报告、专题分析报告和简要分析报告。

1. 综合财务分析报告

综合分析报告又称全面分析报告，是企业依据会计报表、财务分析表及经营活动和财务活动所提供的丰富、重要的信息及其内在联系，运用一定的科学分析方法，对企业的经营特征，利润实现及其分配情况，资金增减变动和周转利用情况，税金缴纳情况，存货、固定资产等主要财产物资的盘盈、盘亏、毁损等变动情况及对本期或下期财务状况将发生重大影响的事项做出客观、全面、系统的分析和评价，并进行必要的科学预测而形成的书面报告。它具有内容丰富、涉及面广，对财务报告使用者做出各项决策有深远影响的特点。它还具有以下两方面的作用：

（1）为企业的重大财务决策提供科学依据。由于综合分析报告几乎涵盖了对企业财务计划各项指标的对比分析和评价，能使企业经营活动的成果和财务状况一目了然，及时反映出存在的问题，这就为企业的经营管理者做出当前和今后的财务决策提供了科学依据。

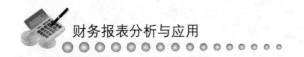

（2）全面、系统的综合分析报告，可以作为今后企业财务管理进行动态分析的重要历史参考资料。

综合分析报告主要用于半年度、年度进行财务分析时撰写。撰写时必须对分析的各项具体内容的轻重缓急做出合理安排，既要全面，又要抓住重点。

2. 专题财务分析报告

专题分析报告又称单项分析报告，是指针对某一时期企业经营管理中的某些关键问题、重大经济措施或薄弱环节等进行专门分析后形成的书面报告。它具有不受时间限制、一事一议、易被经营管理者接受、收效快的特点。因此，专题分析报告能总结经验，引起领导和业务部门重视所分析的问题，从而提高管理水平。

专题分析的内容很多，比如关于企业清理积压库存，处理逾期应收账款的经验，对资金、成本、费用、利润等方面的预测分析，处理母子公司各方面的关系等问题均可进行专题分析，从而为各级领导做出决策提供现实的依据。

3. 简要财务分析报告

简要分析报告是对主要经济指标在一定时期内存在的问题或比较突出的问题进行概要地分析而形成的书面报告。

简要分析报告具有简明扼要、切中要害的特点。通过分析，能反映和说明企业在分析期内业务经营的基本情况，企业累计完成各项经济指标的情况并预测今后发展趋势。主要适用于定期分析，可按月、按季进行编制。

## 二、撰写前的注意事项

撰写财务报告以下六点值得注意。

1. 了解阅读对象

要了解报告阅读的对象（内部管理报告的阅读对象主要是公司管理者尤其是领导）及报告分析的范围。报告的写作应因人而异，比如，提供给财务部阅读者可以专业化一些，而提供给其他部门阅读者尤其对本专业相当陌生的阅读者的报告则要力求通俗一些；同时提供给不同层次阅读对象的分析报告，则要求分析人员在写作时准确把握好报告的框架结构和分析层次，以满足不同阅读者的需要。再如，报告分析的范围若是某一部门或二级公司，分析的内容可以稍细、具体一些；而分析的对象若是整个集团公司，则文字的分析要力求精练，不能对所有问题面面俱到，集中性地抓住几个重点问题进行分析即可。

2. 了解对方信息需求

了解读者对信息的需求，充分领会阅读者所需要的信息是什么。有的财务报表阅读者深有感触到，财务分析报告内容很多，写得也很长，应该说是花了不少心思的。遗憾的是阅读者不需要的信息太多，而阅读者想真正获得的信息却太少。辛辛苦苦做出来的分析报告原本是要为业务服务的，可事实上效果甚微。写好财务分析报告的前提是财务分析人员要尽可能地多与相关财务报表阅读者沟通，捕获他们真正想要了解的信息。

3. 要有清晰的思路

报告写作前，一定要有一个清晰的框架和分析思路。框架具体如下：报告目录、重要提示、报告摘要、具体分析、问题重点综述及相应的改进措施。

报告目录告诉阅读者本报告所分析的内容及所在页码；重要提示主要是针对本期报告在新增的内容或须加以重大关注的问题事先做出说明，旨在引起领导高度重视；报告摘要是对本期报告内容的高度浓缩，一定要言简意赅，点到为止。无论是重要提示，还是报告摘要，都应在其后标明具体分析所在页码，以便领导及时查阅相应分析内容。

以上三部分非常必要，目的是让财务报表阅读者在最短的时间内获得对报告的整体性认识以及本期报告中将告知的重大事项。问题重点综述及相应的改进措施一方面是对上期报告中问题执行情况的跟踪汇报，同时对本期报告具体分析部分中揭示出的重点问题进行集中阐述，旨在将零散的分析集中化，再次给报表阅读者留下深刻印象。

具体分析部分，是报告分析的核心内容。具体分析部分的写作如何，关键性地决定了本报告的分析质量和档次。要想使这一部分写得很精彩，首要的是要有一个好的分析思路。例如，某集团公司下设四个二级公司，且都为制造公司。财务报告的分析思路是：总体指标分析、集团总部情况分析、各二级公司情况分析；在每一部分里，按本月分析、本年累计分析展开；再往下按赢利能力分析—销售情况分析—成本控制情况分析展开。如此层层分解，环环相扣，各部分间及每部分内部都存在着紧密的钩稽关系。

4. 与企业经营业务紧密结合

财务分析报告一定要与公司经营业务紧密结合，深刻领会财务数据背后的业务背景，切实揭示业务过程中存在的问题。财务人员在做分析报告时，由于不了解业务，往往闭门造车，并由此陷入就数据论数据的被动局面，得出来的分析结论也就会不得要领。

因此有必要强调的一点是，各种财务数据并不仅仅是通常意义上数字的简单拼凑和加总，每一个财务数据背后都寓示着非常生动的增减、费用的发生、负债的偿还等。财务分析人员通过对业务的了解和明察，具备对财务数据敏感性的职业判断，即可判断经济业务发生的合理性、合规性，由此写出来的分析报告也就能真正为业务部门提供有用的决策信息。财务数据毕竟只是一个中介（是对各样业务的如实反映，或称之为对业务的映射），因而财务数据为对象的分析报告就数据论数据，报告的重要质量特征相关性受挫，对决策的有用性自然就难以谈起。

5. 分析要有特色

（1）分析要遵循差异、原因分析、建议措施原则。撰写财务分析报告的根本目的不仅仅是停留在反映问题、揭示问题上，而是要通过对问题的深入分析，提出合理可行的解决办法，真正担负起财务参谋的重要角色。唯此报告的有用性或分量才可能得到提高和升华。

（2）对具体问题的分析采用交集原则和重要性原则并存手法揭示异常情况。例如某公司有 36 个驻外机构，为分析各驻外机构某月费用控制情况和工作效率，我们以人均差旅费作为评价指标之一。在分析时采用比较分析法（本月与上月比较）从增长额（绝对数）、增长率（相对数）两方面比较以揭示费用异常及效率低下的驻外机构，我们分别对费用增长前十位（定义为集合 A）及增长率前十位（定义为集合 B）的驻外机构进行了排名，并定义集合 C＝A∩B，则集合 C 中驻外机构将是我们重点分析的对象之一，这就是交集原则。

交集原则并不一定能够揭示出全部费用异常的驻外机构，为此重要性原则显得必不可

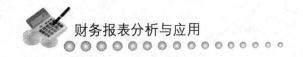

少。在运用交集原则时，头脑中要有重要性原则的意识。

财务分析人员要始终抓重点问题、主要问题，在辩证法上体现为两点论基础上的重点论。

（3）问题集中点法亦可称之为焦点映射法。这种分析手法主要基于以下想法：在各部分分析中已从不同角度对经营过程中存在的问题进行了零散分析。这些问题点犹如一张映射表，左边是不同的分析角度，右边是存在问题的部门或费用项目。每一个分析角度可能映射一个部门或费用项目，也可能是多个部门或费用项目。由于具体到各部分中所分析出来的问题点还不系统，因而给领导留下的印象比较散乱，重点问题不突出；而领导通过月度分析报告，意在抓几个重点突出的问题就达到目的了。故而财务分析人员一方面在具体分析时，要有意识地知道本月可能存在的重点问题（在数据整理时对财务数据具有敏感性的财务分析人员能感觉到本月可能存在的重大异常情况）；另一方面要善于从前面零散的分析中筛选出 1～2 个焦点性问题。

6. 应注意的其他问题

（1）对公司政策尤其是近期来公司大的方针政策有一个准确的把握，在吃透公司政策精神的前提下，在分析中还应尽可能地立足当前，瞄准未来，以使分析报告发挥导航器作用。

（2）财务人员在平时的工作当中，应多一点了解国家宏观经济环境尤其是尽可能捕捉、收集同行业竞争对手资料。因为，公司最终面对的是复杂多变的市场，在这个大市场里，任何宏观经济环境的变化或行业竞争对手政策的改变都会或多或少地影响着公司的竞争力甚至决定着公司的命运。

（3）勿轻意下结论。财务分析人员在报告中的所有结论性词语对报告阅读者的影响相当之大，如果财务人员在分析中草率地下结论，很可能形成误导。如目前在国内许多公司里核算还不规范，费用的实际发生期与报销期往往不一致，如果财务分析人员不了解核算的时滞差，则很容易得出错误的结论。

（4）分析报告行文尽可能流畅通顺、简明精练，避免口语和冗长。

### 三、撰写的主要步骤

财务分析报告的撰写要根据不同的企业情况、不同的报告阅读者而有所不同，但大框架一般有以下几部分。

第一部分提要段，即概括公司所在产业的特征和企业的综合情况，让财务报告接受者对财务分析说明有一个总括的认识。

财务报表与企业财务特性之间关系的确定不能离开产业经济特征的分析，换句话说，同样的财务报表放在不同产业的企业中，它所体现的经济意义和财务特性很可能完全不同，如零售业、钢铁业、房地产业就有着差别很大的财务比率；又如，高科技产业与传统的产业不仅在产业经济特征上有很大的差别，而且决定其竞争地位的因素也各不相同。在财务分析时，产业经济特征是一个非常重要的分析基础，只有了解和确定一个企业所处特定产业的经济特征，才有可能真正理解财务报表的经济意义，并发挥财务分析在管理决策中的作用。缺乏对所处产业经济特征的把握，那就意味着企业财务分析人员把自己孤立在一个小圈子里面，不知道企业所处的环境、产业发展前景及其影响、竞争地位。

在实际工作中，有许多认定产业（甚至企业）经济特征的模式，其中最常用的是五个层面的经济属性模式，这五个层面包括需求、供应、生产、营销和财务。其中，需求属性反映了顾客对产品或服务价格的敏感性，产业成长率、对商业周期的敏感程度、季节性影响都是评估需求的重要因素。供应属性是指产品或服务在提供方面的特征。在某些产业中，许多供应商提供的产品或服务是非常相似的，而在另外一些产业中，则只有非常有限的几家供应商。人们通常用产业进入的难易程度来判断供应，就生产属性而言，某些企业纯粹是劳动密集型的，而有些企业是资本密集型的，在分析生产属性时，制造过程的复杂程度也是一个重要的判断标准。产业的营销属性涉及产品和服务的消费者、分销渠道，有些产业的营销特别费劲，而另一些产业的营销则容易得多。对财务属性的认定重点是要明确与企业资产结构和产品特征相配的负债水平和类型，对那些成熟、赢利的公司来说，其对外举债一般都比新办的公司少。此外，某些产业由于产品寿命短（如个人计算机制造业）或长期发展前景令人怀疑（如传统的钢铁制造业）、风险高，一般不能承受高水平的对外负债。

确定企业所处产业的经济特征是有效财务分析的第一步。通过产业经济特征的确定，一方面为理解财务报表数据的经济意义提供了一个"航标"；另一方面又缩短了财务比率和相关指标与管理决策之间的距离，从而使得财务分析的信息对管理决策变得更加有意义。

第二部分说明段，是对企业为增强竞争优势而采取的战略和公司运营及财务现状的介绍。

财务分析与企业战略有着密切的联系，如果说产业经济特征是财务分析人员理解财务报表数据经济意义的"航标"，那么企业战略就是财务分析人员在财务分析中为管理决策做出相关评价的具体指南。离开企业战略，财务分析同样会迷失方向，财务分析就不可能真正帮助管理决策做出科学的评价。因此，在有效的财务分析模式中，紧接着产业经济特征分析之后的就是要确定企业战略。

该部分要求文字表述恰当、数据引用准确。对经济指标进行说明时可适当运用绝对数、比较数及复合指标数。特别要关注公司当前运作上的重心，对重要事项要单独反映。公司在不同阶段、不同月份的工作重点有所不同，所需要的财务分析重点也不同。如公司正进行新产品的投产、市场开发，则公司各阶层需要对新产品的成本、回款、利润数据进行分析的财务分析报告。

第三部分分析段，是对公司的经营情况进行分析研究。在说明问题的同时还要分析问题，寻找问题的原因和症结，以达到解决问题的目的。财务分析一定要有理有据，要细化分解各项指标，因为有些报表的数据是比较含糊和笼统的，要善于运用表格、图示，突出表达分析的内容。分析问题一定要善于抓住当前要点，多反映公司经营焦点和易于忽视的问题。

财务分析人员在分析财务报表的过程中，应当注意以下几个主要方面：

（1）不重复发生项目或非常项目。这些项目对赢利的影响是暂时性的，在评估企业真

正的经营业绩之前应重点考虑剔除。

（2）研究与开发等支出。研究与开发、广告、人力资源培训等支出的人为安排直接影响到企业在不同会计期间的赢利，在进行财务分析时，对这些支出的人为安排保持一定的警惕是十分必要的。同样，在评估一个企业的持续的经营业绩时，对这些人为的安排进行调整或许是需要的。

（3）"赢利管理"。许许多多的实证研究表明，在企业中存在大量的赢利管理行为。例如，在会计方法的选择上提前确认收入和延迟确认费用；又如，在对固定资产折旧和工程完工进度等会计方法的应用和会计估计的变动、会计方法运用时点的选择和交易事项发生时点的控制过程中刻意去迎合管理当局的要求，这些赢利管理都可能导致企业财务报表的偏差和不准确。在财务分析时，对它们进行调整是必不可少的。所有这些调整对财务分析人员来说都是对财务报表的净化。在分析解释财务报表的数据时充分考虑这一因素具有特别重要的意义。

第四部分评价段。做出财务说明和分析后，对于经营情况、财务状况、赢利业绩，应该从财务角度给予公正、客观的评价和预测。财务评价不能运用似是而非，可进可退，左右摇摆等不负责任的语言，评价要从正面和负面两方面进行，评价既可以单独分段进行，也可以将评价内容穿插在说明部分和分析部分。

第五部分建议段。即财务人员在对经营运作、投资决策进行分析后形成的意见和看法，特别是对运作过程中存在的问题所提出的改进建议。值得注意的是，财务分析报告中提出的建议不能太抽象，而要具体化，最好有一套切实可行的方案。

# 任务二 分析指标和分析方法的选取

公司的财务状况是通过定期的财务报告反映的，现阶段，我国公司的定期主要报告包括三表（资产负债表、损益表、现金流量表）及其附注。财务报表是企业所有经济活动的综合反映，能够对企业经济效益的优劣做出准确的评价与判断。认真解读与分析财务报表，能帮助我们剔除财务报表的水分，公允地评估企业的决策绩效。因此分析企业财务报表时，主要是从其中计算整理出各种重要财务指标，然后再将这些指标进行一定的技术处理。

## 一、分析指标的设定

### 1. 根据情况设定指标

要根据不同的对象确定不同的指标。一个指标内含企业的偿债、营运、赢利等多方信息，分公司、中小企业、子公司或投资者、债权人适用具体指标分析，不应不分对象盲目适用指标分析方法和选择不能体现企业特点的指标作为财务分析指标。财政部颁布的企业财务报表分析指标有 20 多个，但具体到某个企业的一般性分析不必面面俱到都选择。一般企业可选择常用的销售毛利率、净资产收益率、总资产净利率、成本费用利润率、总资产周转率、存货周转率、流动资产周转率、应收账款周转率、资产负债率、速动比率、资本积累率 11 项具有代表性的指标。

2. 主要指标的说明

(1) 变现能力比率。变现能力是企业产生现金的能力，它取决于可以在近期转变为现金的流动资产的多少。其意义是：比流动比率更能体现企业的偿还短期债务的能力。因为流动资产中，尚包括变现速度较慢且可能已贬值的存货，因此将流动资产扣除存货再与流动负债对比，以衡量企业财务的短期偿债能力。增加变现能力的因素：可以动用的银行贷款指标；准备很快变现的长期资产；偿债能力的声誉。减弱变现能力的因素：未做记录的或有负债；担保责任引起的或有负债。

(2) 资产管理比率。包括应收账款周转率，存货周转率越高应收账款周转率、存货周转率越高，说明其收回越快。反之，说明营运资金过多呆滞在应收账款上，影响正常资金周转及偿债能力。应收账款周转率要与企业的经营方式结合考虑。以下几种情况使用该指标不能反映实际情况：①季节性经营的企业；②大量使用分期收款结算方式；③大量使用现金结算的销售；④年末大量销售或年末销售大幅度下降。

(3) 负债比率。负债比率是反映债务和资产、净资产关系的比率。它反映企业偿付到期长期债务的能力。

(4) 赢利能力比率。赢利能力就是企业赚取利润的能力。不论是投资人还是债务人，都非常关心这个项目。在分析赢利能力时，应当排除证券买卖等非正常项目、已经或将要停止的营业项目、重大事故或法律更改等特别项目、会计政策和财务制度变更带来的累积影响数等因素。一般包括：①销售毛利率。意义：表示每1元销售收入扣除销售成本后，有多少元钱可以用于各项期间费用和形成赢利。②资产净利率（总资产净利率）。意义：把企业一定期间的净利润与企业的资产相比较，表明企业资产的综合利用效果。指标越高，表明资产的利用效率越高，说明企业在增加收入和节约资金等方面取得了良好的效果，否则相反。③净资产收益率（权益报酬率）。意义：净资产收益率反映公司所有者权益的投资报酬率，也叫净值报酬率或权益报酬率，具有很强的综合性，是很重要的财务比率。

## 二、企业财务分析方法的选取

财会会计报告使用者对企业的经营情况是比较关注的，比如收入、利润等指标完成情况如何，同以前年度同期相比有何变化等。具体分析这些会计报表及附注，应从以下几个方面着手。

1. 分析企业的赢利质量

赢利质量分析是指根据经营活动现金净流量与净利润、资本支出等之间的关系，揭示企业保持现有经营水平，创造未来赢利能力的一种分析方法。赢利质量分析主要包含以下两个指标：①赢利现金比率。这一比率反映企业本期经营活动产生的现金净流量与净利润之间的比率关系。②再投资比率。再投资比率＝经营现金净流量/资本性支出。这一比率反映企业当期经营现金净流量是否足以支付资本性支出（固定资产投资）所需要的现金。

2. 偿债能力分析

筹资与支付能力分析是通过现金流量表有关项目之间的比较，反映企业在金融市场上的筹资能力以及偿付债务或费用的能力。企业筹资与支付能力分析主要包含以下几个指标：①外部融资比率。这一比率反映企业在金融市场筹措资金的能力，或经营发展对外部资金的依赖程度，这一比率越大，说明企业的筹资能力越强。②强制性现金支付比率。强制性现金支付比率＝现金流入总额/（经营现金流出量＋偿还债务本息支付），这一比率反映企业是否有足够的现金偿还债务、支付经营费用等。在持续不断的经营过程中，公司的现金流入量至少应满足强制性目的支付，即用于经营活动支出和偿还债务。这一比率越大，其现金支付能力就越强。这意味着该公司本期创造的现金流入量可满足经营活动和偿还债务的现金需要。

3. 现金流量分析

现金流量分析即上市公司获取现金能力的分析。获取现金的能力是指经营现金净流入和投资资源的比值。它弥补了根据损益表上分析公司获利能力的指标的不足，具有鲜明的客观性。投入资源可以是主营业务收入、公司总资产、净营运资金、净资产或普通股股数、股本等。具体指标有：①销售现金比率＝经营活动现金净流量/销售收入。该比率反映每1元销售得到的现金大小，即销售收入的货款回收率，既可从一个方面反映公司生产商品的市场畅销与否，又从另一个侧面体现了公司管理层的经营能力。其数值越大越好。②全部资产现金回收率＝经营现金净流量/资产平均额×100%。该指标说明公司全部资产产生现金的能力，该比值越大越好，可与同业平均水平或历史同期水平比较，评价上市公司获取现金能力的强弱和公司可持续发展的潜力。

在进行企业财务报表分析中逐步引入上述这些方法。这些方法不但能克服当前分析方法的缺点，还能发挥分析自身的优势，得出准确的评价结果。通过分析，找出企业在生产经营过程中存在的问题，以评判当前企业的财务状况，预测未来的发展趋势。企业经营者、债权人、社会投资者通过分析报告，可从全方位及时了解企业的信息，从而达到客观、真实、准确的目标。

 **重要名词中英文对照**

| 财务分析报告 | Financial analysis report |
|---|---|
| 财务分析指标 | The financial analysis indicators |
| 财务分析方法 | Financial analysis method |
| 综合财务分析报告 | Based on the analysis of financial reports |
| 专题财务分析报告 | Project financial analysis report |
| 简要财务分析报告 | Brief financial analysis report |

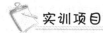 **实训项目**

【训练目的】掌握财务报表撰写的基本知识。

【训练要求】请通过网络等途径，选择一家上市公司为分析对象，收集、整理其资产负债表、利润表和现金流量表，采用水平分析法、纵向分析法、指标分析法对该公司财务报表进行分析，撰写分析报告。

具体实施过程：以小组（8 人左右）为单位，分别扮演财务报表内部使用者和外部使用者角色，从不同角度分析财务报表，分工合作完成某一公司的财务分析报告，并制作 PPT 演示。

 **延伸阅读**

**华能国际（600011）与国电电力（600795）**
**财务报表分析比较报告**

## 一、研究对象及选取理由

（一）研究对象

本报告选取了能源电力行业两家上市公司——华能国际（600011）与国电电力（600795）作为研究对象，对这两家上市公司公布的 2001—2003 年度连续三年的财务报表进行了简单分析及对比，以期对两个公司财务状况及经营状况得出简要结论。

（二）行业概况

能源电力行业近两三年来非常受人瞩目，资产和利润均持续较长时间大幅增长。2003 年、2004 年市场表现均非常优秀，特别是 2003 年，大多数公司的主营业务收入出现了增长，同时经营性现金流量大幅提高，说明整体上看，能源电力类上市公司的效益在 2003 年有较大程度的提升。2003 年能源电力类上市公司平均每股收益为 0.37 元，高出市场平均水平 95% 左右。2003 年能源电力行业无论在基本面还是市场表现方面都有良好的表现。

而且，其未来成长性预期非常良好。电力在我国属于基础能源，随着新一轮经济高成长阶段的到来，电力需求的缺口越来越大，尽管目前电力行业投资规模大幅增加，但是电力供给能力提升速度仍然落后于需求增长速度，电力供求矛盾将进一步加剧，尤其是经济发达地区的缺电形势将进一步恶化。由于煤炭的价格大幅上涨，这对那些火力发电的公司来说，势必影响其赢利能力，但因此电价上涨也将成为一种趋势。在这样的背景下，电力行业必将在相当长的一段时期内，表现出良好的成长性。

因此，我们选取了这一重点行业为研究对象来分析。

（三）公司概况

1. 华能国际

华能国际的母公司及控股股东华能国电是于 1985 年成立的中外合资企业，它与电厂所在地的多家政府投资公司于 1994 年 6 月共同发起在北京注册成立了股份有限公司。总股本 60 亿股，2001 年在国内发行 3.5 亿股 A 股，其中流通股 2.5 亿股，而后分别在中国香港、纽约上市。

在过去的几年中，华能国际通过项目开发和资产收购不断扩大经营规模，保持赢利稳步增长。拥有的总发电装机容量从 2900 兆瓦增加到目前的 15936 兆瓦。华能国际现全资拥有 14 座电厂，控股 5 座电厂，参股 3 家电力公司，其发电厂设备先进，高效稳定，且广泛地分布于经济发达及用电需求增长强劲的地区。目前，华能国际已成为中国最大的独立发电公司之一。

华能国际公布的 2004 年第一季度财务报告，营业收入为 64.61 亿人民币，净利润为 14.04 亿人民币，比去年同期分别增长 24.97% 和 24.58%。由此可看出，无论是发电量还是营业收入及利润，华能国际都实现了健康的同步快速增长。当然，这一切都与 2004 年年初中国出现大面积电荒不无关系。

在发展战略上，华能国际加紧了并购扩张步伐。中国经济的快速增长造成了电力等能源的严重短缺。随着中国政府对此越来越多的关注和重视，以及华能国际逐渐走上快速发展和不断扩张的道路，可以预见在不久的将来，华能国际必将在中国电力能源行业中进一步脱颖而出。

2. 国电电力

国电电力发展股份有限公司（股票代码 600795）是中国国电集团公司控股的全国性上市发电公司，1997 年 3 月 18 日在上海证券交易所挂牌上市，现股本总额达 14.02 亿股，流通股 3.52 亿股。

国电电力拥有全资及控股发电企业 10 家，参股发电企业 1 家，资产结构优良合理。几年来，公司坚持"并购与基建并举"的发展战略，实现了公司两大跨越。目前公司投资装机容量 1410 万千瓦。同时，公司控股和参股了包括通信、网络、电子商务等高科技公司 12 家，持有专利 24 项，专有技术 68 项，被列入国家及部委重点攻关科技项目有三项，有多项技术达到了国际领先水平。

2001 年公司股票进入了"道琼斯中国指数"行列，2001 年度列国内 A 股上市公司综合绩效第四位，2002 年 7 月入选上证 180 指数，连续三年被评为全国上市公司 50 强，保持着国内 A 股证券市场综合指标名列前茅的绩优蓝筹股地位。

2003 年营业收入 18 亿，净利润 6.7 亿，比上年度增加 24.79%。

正因为以上这两家企业规模较大，公司治理结构、经营管理正规，财务制度比较完善，华能是行业中的龙头企业，国电电力有相似之处，而两者相比在规模等方面又有着较大不同，具备比较分析的条件，所以特选取这两家企业作为分析对象。

以下将分别对两家公司的财务报表进行分析。

**二、华能国际财务报表分析**

（一）华能国际 2001—2003 年年报简表

表 7 - 1　　　　　　　　　　**2001—2003 年资产负债（简表）**　　　　　　　单位：万元

| 时间<br>项目 | 2003 - 12 - 31 | 2002 - 12 - 31 | 2001 - 12 - 31 |
|---|---|---|---|
| 1. 应收账款余额 | 235683 | 188908 | 125494 |
| 2. 存货余额 | 80816 | 94072 | 73946 |
| 3. 流动资产合计 | 830287 | 770282 | 1078438 |
| 4. 固定资产合计 | 3840088 | 4021516 | 3342351 |
| 5. 资产总计 | 5327696 | 4809875 | 4722970 |
| 6. 应付账款 | 65310 | 47160 | 36504 |

续　表

| 时间<br>项目 | 2003 - 12 - 31 | 2002 - 12 - 31 | 2001 - 12 - 31 |
|---|---|---|---|
| 7. 流动负债合计 | 824657 | 875944 | 1004212 |
| 8. 长期负债合计 | 915360 | 918480 | 957576 |
| 9. 负债总计 | 1740017 | 1811074 | 1961788 |
| 10. 股本 | 602767 | 600027 | 600000 |
| 11. 未分配利润 | 1398153 | 948870 | 816085 |
| 12. 股东权益总计 | 3478710 | 2916947 | 2712556 |

表 7 - 2　　　　　　　2001—2003 年利润分配（简表）　　　　　单位：万元

| 时间<br>项目 | 2003 年 | 2002 年 | 2001 年 |
|---|---|---|---|
| 1. 主营业务收入 | 2347964 | 1872534 | 1581665 |
| 2. 主营业务成本 | 1569019 | 1252862 | 1033392 |
| 3. 主营业务利润 | 774411 | 615860 | 545743 |
| 4. 其他业务利润 | 3057 | 1682 | —52 |
| 5. 管理费用 | 44154 | 32718 | 17583 |
| 6. 财务费用 | 55963 | 56271 | 84277 |
| 7. 营业利润 | 677350 | 528551 | 443828 |
| 8. 利润总额 | 677408 | 521207 | 442251 |
| 9. 净利润 | 545714 | 408235 | 363606 |
| 10. 未分配利润 | 1398153 | 948870 | 816085 |

表 7 - 3　　　　　　　2001—2003 年现金流量（简表）　　　　　单位：万元

| 时间<br>项目 | 2003 年 | 2002 年 | 2001 年 |
|---|---|---|---|
| 1. 经营活动现金流入 | 2727752 | 2165385 | 1874132 |
| 2. 经营活动现金流出 | 1712054 | 1384899 | 1162717 |
| 3. 经营活动现金流量净额 | 1015697 | 780486 | 711414 |
| 4. 投资活动现金流入 | 149463 | 572870 | 313316 |
| 5. 投资活动现金流出 | 670038 | 462981 | 808990 |
| 6. 投资活动现金流量净额 | —520574 | 109888 | —495673 |

| 项目＼时间 | 2003 年 | 2002 年 | 2001 年 |
|---|---|---|---|
| 7. 筹资活动现金流入 | 221286 | 17337 | 551415 |
| 8. 筹资活动现金流出 | 603866 | 824765 | 748680 |
| 9. 筹资活动现金流量净额 | −382579 | −807427 | −197264 |
| 10. 现金及等价物增加额 | 112604 | 82746 | 18476 |

（二）财务报表各项目分析

以时间距离最近的 2003 年度的报表数据为分析基础。

1. 资产分析

（1）首先公司资产总额达到 530 多亿，规模很大，比 2002 年增加了约 11％，2002 年比 2001 年约增加 2％，这与华能 2003 年的一系列收购活动有关，从中也可以看出企业加快了扩张的步伐。

其中绝大部分的资产为固定资产，这与该行业的特征有关：从会计报表附注可以看出固定资产当中发电设施的比重相当高，约占固定资产 92.67％。

（2）应收账款余额较大，却没有提取坏账准备，不符合谨慎性原则。

会计报表附注中说明公司对其他应收款的坏账准备的计提采用按照其他应收款余额的 3％计提，账龄分析表明占其他应收款 42％的部分是属于两年以上没有收回的账款，根据我国的税法规定，外商投资企业两年以上未收回的应收款项可以作为坏账损失处理，这部分应收款的可回收性值得怀疑，应此仍然按照 3％的比例计提坏账不太符合公司的资产现状，2 年以上的其他应收款共计 87893852 元，坏账准备计提过低。

（3）无形资产为负，报表附注中显示主要是因为负商誉的缘故，华能国际从其母公司华能集团手中大规模地进行收购电厂的活动，将大量的优质资产纳入囊中，华能国际在这些收购活动中收获颇丰。华能国际 1994 年 10 月在纽约上市时只拥有大连电厂、上安电厂、南通电厂、福州电厂和汕头燃机电厂这五座电厂，经过 9 年的发展，华能国际已经通过收购华能集团的电厂，扩大了自己的规模。但由于收购当中的关联交易的影响，使得华能国际可以低于公允价值的价格收购华能集团的资产，因此而产生了负商誉，这是由关联方交易所产生的，因此进行财务报表分析时应该剔除这一因素的影响。

（4）长期投资。我们注意到公司 2003 年长期股权投资有一个大幅度的增长，这主要是因为 2003 年 4 月华能收购深能 25％的股权以及深圳能源集团和日照发电厂投资收益的增加。

2. 负债与权益分析

华能国际在流动负债方面比 2002 年年底有显著下降，主要是由于偿还了部分到期借款。

华能国际的长期借款主要到期日集中在 2004 年和 2011 年以后，在这两年左右公司的还款压力较大，需要筹集大量的资金，需要保持较高的流动性，以应付到期债务，这就要求公司对于资金的筹措做好及时地安排。其中将于一年内到期的长期借款有 2799487209 元，公司现有货币资金 1957970492 元，因此存在一定的还款压力。

华能国际为在三地上市的公司，在国内发行 A 股 3.5 亿股，其中向大股东定向配售 1 亿股法人股，这部分股票是以市价向华能国电配售的，虽然意向书有这样一句话："华能国际电力开发公司已书面承诺按照本次公开发行确定的价格全额认购，该部分股份在国家出台关于国有股和法人股流通的新规定以前，暂不上市流通。"但是考虑到该部分股票的特殊性质，流通的可能性仍然很大。华能国际的这种筹资模式，在 1998 年 3 月增发外资股的时候也曾经使用过，在这种模式下，一方面，华能国际向大股东买发电厂，而另一方面，大股东又从华能国际买股票，实际上双方都没有付出太大的成本，仅通过这个手法，华能国际就完成了资产重组的任务，同时还能保证大股东的控制地位没有动摇。

3. 收入与费用分析

（1）华能国际的主要收入来自于通过各个地方或省电力公司为最终用户生产和输送电力而收取的扣除增值税后的电费收入。根据每月月底按照实际上网电量或售电量的记录在向各电力公司控制与拥有的电网输电之时发出账单并确认收入。应此，电价的高低直接影响到华能国际的收入情况。随着我国电力体制改革的全面铺开，电价由原来的计划价格逐步向"厂网分开，竞价上网"过渡，电力行业的垄断地位也将被打破，因此再想获得垄断利润就很难了。国内电力行业目前形成了电监会、五大发电集团和两大电网的新格局，五大发电集团将原来的国家电力公司的发电资产划分成了五份，在各个地区平均持有，现在在全国每个地区五大集团所占有的市场份额均大约为 20%。华能国际作为五大发电集团之一的华能国际的旗舰，通过不断地收购母公司所属电厂，增大发电量抢占市场份额，从而形成规模优势。

（2）由于华能国际属于外商投资企业，享受国家的优惠税收政策，因此而带来的税收收益约为 4 亿元。

（3）2003 年与 2002 年相比，收入和成本有了大幅度的增加，这主要是由于上述收购几家电厂纳入了华能国际的合并范围。但是从纵向分析来看，虽然收入比去年增加了 26%，但主营业务成本增加了 25%，主营业务税金及附加增加了 27.34%，管理费用增加了 35%，均高于收入的增长率，说明华能国际的成本仍然存在下降空间。

通过对比不难看出国电电力在流动性、长期偿债能力、获利能力、营运能力各项指标上均远低于华能国际，且在 2001 年两者比率还比较接近，而在 2002—2003 年，两者的差距迅速拉大，华能国际从 2002—2003 年总体呈现大幅度的上升趋势，发展势头良好，而国电电力大多数指标不升反降，这虽然与 2002 年、2003 年的非典影响，煤炭价格上涨有关系，但也反映出公司经营管理上存在很大的问题，特别是 2003 年开始我国用电紧张的状况特别明显，而国电电力却没有抓住这个机会，相反华能国际抓住机会扩张并购，取得了巨大的正面效应。

当然两者的规模不可同日而语，通过综合比较发现，华能国际已经具备一定的资产规模，具备不俗的资产扩张潜力，其蓝筹形象在未来将更加突出。而相对于独立发电集团庞

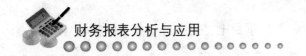

大的发电资产而言，国电电力公司的资产规模就称不上大了，但如果投资者看好其发展潜力，应该极有可能因成为未来独立集团的融资窗口而获得大规模资产注入，像桂冠电力、九龙电力、岷江水电三家装机规模尚小的公司均因为良好的业绩，被投资者认为具备相当空间的资产扩张潜力，这种潜质必将被未来的市场所挖掘，而市场曾一度相当看好的国电电力、漳泽电力等公司，其未来的扩张潜力是相对有限的，从而其投资价值也会相应打折扣。

# 参考文献

［1］邹丹. 上市公司财报分析实战［M］. 北京：电子工业出版社，2013.

［2］李秉承. 财务危机案例启示录［M］. 北京：机械工业出版社，2012.

［3］张先治，陈友邦. 财务分析［M］. 大连：东北财经大学出版社，2013.

［4］张先治，陈友邦，秦志敏. 财务分析习题与案例［M］. 大连：东北财经大学出版社，2013.

［5］王德发. 财务报表分析［M］. 北京：中国人民大学出版社，2004.

［6］王化成. 财务报表分析［M］. 北京：北京大学出版社，2007.

［7］曹军. 财务报表分析［M］. 北京：高等教育出版社，2012.

［8］黄聆. 财务分析在并购决策中的运用案例［J］. 经济师. 2007（4）.

［9］S.B. 科斯特斯. 财务报表分析及案例［M］. 北京：中国宇航出版社，2002.